ちくま新書

サブカル・ニッポンの新自由主義

——既得権批判が若者を追い込む

747

鈴木謙介
Suzuki Kensuke

サブカル・ニッポンの新自由主義——既得権批判が若者を追い込む【目次】

まえがき

——鈍行ながらも　僕らは希望往きの列車に乗り
後悔の駅で途中下車さ
（アナ「ＯＫ」）

私たちの社会を動かすのは、どのような力なのだろうか。ひとつのありがちな見方は、この世は人間関係で動いているというものだ。ある立法の背後には、担当省庁の某課長が抱いた野心と、自らの研究成果を政策に反映させたい某大学教授の意図があった、といった具合に。そこでは「思想」は存在しないか、あくまで個人的な趣味嗜好の問題とされ、社会を動かす決定的な要因とは見なされない。

しかし、誰が意図したわけでもないのに、ある思考のパターンが、いつの間にか人々の間に共有され、社会的な決定に対して影響を与えるということがある。たとえば九〇年代には「不景気の元凶である役所はもはや信用できない」との声があちこちで上がり、様々な改革の後押しをした。しかし〇〇年代も終わりにさしかかる今、私たちは「格差が拡大する中、国が国民の生活をきちんと守らなければいけない」と口にするようになっている。

確かに状況が変われば見方が変わるのは当然とも言える。だが多くの人が、かつて自らが何を主張し、何に賛成していたか忘れているのではないか、と思う場面に、まま遭遇する。あれほど歓迎された「規制緩和」が、いつの間にか格差拡大の元凶とされ、規制を持ち込めという主張にすり替わっている。「ジャパン・アズ・ナンバーワン」と言われ、世界に冠たる雇用システムだと見なされた日本型雇用慣行が、九〇年代には景気回復の大きな阻害要因と批判され、さらにいままた終身雇用を復活せよという声へと移り変わっている顚末と、それはよく似ている。

あのとき、なぜ私たちはあんなことを言ったのだろう。そのことについて考えるためには、政策決定者への属人的な責任帰属だけでは材料が足りない。そこで必要となるのは、ある概念と価値観とのセットが、どのように変化してきたかについての思想的研究だ。特定の概念と価値観のセットは、ときに「意味論」と呼ばれる。たとえば、「労働」と「忍耐」が結びついていた時代が終わり、それが「自己実現」と結びつけられるようになるといった出来事は、私たちが生きる社会の意味論=価値判断のモードの変化として捉えられるものである。

その価値判断のモードが変化した結果、現在の私たちが生きているのが「新自由主義」と呼ばれるそれである、というのが、本書の基本的な立場だ。この言葉は、格差の拡大を肯定するとか、市場原理主義の思考だとか言われるが、なぜそれが現在のモードになったのかについてきちんと理解した上での議論はそれほど多くない。属人的な見方にこだわる限り、それは過去二〇年の政治の中で、政治家と大企業の経営者が結託して国民を騙した結果なのだ、と説明されるが、それは正しい見方だろうか。新自由主義的な改革の代表と見なされる種々の規制緩和に私たちが賛成したのは、単に政治家に騙された結果なのだろうか。当時から幾人もの政治家が、「規制緩和は格差を拡大する優勝劣敗の政策」と主張していたはずではなかったのか。

本書で私は、新自由主義を政治体制や社会的なイデオロギーとしてのみならず、私たちが共有した価値判断のモードとして分析するという立場を採る。その上で、現在生じている「新自由主義批判」なるものも、よくよく見てみれば、その主張が実は新自由主義的であるという事態が散見される、ということも明らかにしたい。それほどまでに新自由主義的な価値判断のモードは、私たちの中に深く入り込んでいる。

特にその代表的な例として取り上げられるのが「既得権批判」のロジックだ。既得権批判とは、私の現在の不遇な状況は、どこかで不当に利益を抱え込んで手放さない既得権者がいるからで、彼らを取り除けば問題は解決する、というタイプの思考法を指す。それは、九〇年代には郵政族などの官僚や、特定の業界の大企業のことを意味していたが、現在では、企業に勤める正社員、大学教員、果ては「普通に暮らす人々」一般にまで、その対象を拡大しつつある。

既得権批判の主体となっているのは誰か。私が本書で特に注目するのは、私自身を含めた、二〇代半ばから三〇代半ばの世代、いわゆる「ロストジェネレーション」の主張である。彼らの中からは、多くの問題を抱えた現在の社会をよりよいものにしていくための様々なアイディアや、具体的な社会運動が立ち上がりつつある一方で、そこには自己の不遇に由来する茫漠としたやりきれなさと不満が醸成されつつもある。彼らが「既得権」を批判するのは、まさに自らの境遇が「奴ら」によってもたらされたという認識があるからだ。

だが、同時に彼らの主張は、なぜか自らを不遇に追い込んだはずの新自由主義に、ときに強く賛成するものになる。その奇妙なねじれは、そのまま日本社会が抱え込んだねじれでもあり、新自由主義という価値判断のモードが、私たちの社会に抜きがたく入り込んでいることの証左ともなっている。こうした状況で「新自由主義はいけない」というだけでは、状況は意図したのとは反対方向に変えられてしまうということが容易に起こるのである。

新自由主義とはいったい何なのか。なぜ私たちはそれを否定していたはずが、いつの間にかそれに賛成する側に回ってしまうのか。そのことについて分析するために、本書ではいくつかの補助線を引いて、様々な角度からこの価値判断のモードに切り込んでいく。以下、各章の議論を紹介する形で、それぞれの論点について述べておこう。

第一章では、日本の若年雇用問題をめぐる「既得権批判」のロジックについて検討する。そこで扱われるのは、「あいつらさえいなくなれば、自分の生活はもっとよくなる」という発想が、よりいっそうの雇用の流動化を促す言説に接続されるという事態だ。この泥沼のような状況の背後にあるのは、「正社員」という立場にまつわる私たちの強い期待であり、それが醸成されてきた歴史的な経緯だ。ここでは、脱産業社会、情報社会と言われている現在の私たちの雇用環境が必然的に、環境の流動化と安定的な生活との間で人々を引き裂いていくメカニズムが示される。

第二章では、海外での「既得権批判」を取り上げる。具体的にはまず、二〇〇〇年代の韓国における政治的変動が対象となる。右派から左派、そしていままた右派政権へと変転してきた韓国政治の背景にも、「旧世代が既得権を解放しないのが悪い」式の批判が存在していたのである。そしてもうひとつ、この章では六〇年代から七〇年代のアメリカの状況についても述べる。というのも、実は既得権批判のロジックのルーツには、この時代のアメリカの政治的状況と、そしてそれを背景に生まれたインターネット、情報化社会の理想というものがあったからだ。ここで明らかにされるのは、私たちの社会が孕む「安定」の欺瞞性である。それは、常に誰かを排除することによってしか可能にならない。だからこそ排除された側は、安定している人々に向けて「その既得権をよこせ」と主張するのである。

第三章では、既得権批判のメカニズム分析を踏まえた上で、いよいよ「新自由主義」そのものの検討に移る。政治的、社会思想的アプローチがそこでは採用され、新自由主義のどこが問題なのか、単純な過去へのバックラッシュではなく、現在の状況のどのような点を活かすべきなのかといったことが分析される。それは、なぜ私たちがかつて（あるいは今も）「新自由主義」に賛成したのか、といったことについて理解するための材料ともなるだろう。

わが国は、世界に冠たるサブカルチャー大国であると言われる。だがそこで注目されている「サブカル」は、高度に発達した消費社会を支えるリソースの一部に過ぎず、それが本来有していた対抗文化的な性格を失なっていると批判されることもある。こうした立場からは、新自由主義的なものに対抗するために、サブカルチャーの「政治化」が必要であるとの主張が出てくる。

ところが、本書で明らかにする通り、新自由主義的なもののルーツには、そうした対抗文化による社会批判が存在していたのである。対抗文化による既存の権威の否定というモメントは、個人の自由を最大限肯定する一方で、それ以前に存在していた安定的な生活の足場をも掘り崩してきた。対抗文化が目指していたものまで否定する必要はないが、単純な「サブカルの政治化」は、状況を悪化させかねない。よって私の立場は、いかに不謹慎で不真面目であろうとも、消費社会的な価値の蔓延するこの「サブカル・ニッポン」を肯定し、それを元手に現在の状況を突破しようとするものになる。

本書は、思想の本であり、社会分析の本である。あいつが悪い、こう変えろ、といった主張をするのではなく、そうした主張そのものも分析の対象にしながら、議論を展開していく。そのためいくぶん抽象的な記述が登場することがあるが、そこで書かれていることは、私たちの生活そのものである。単なる言葉遊びのたぐいではなく、現実に実行可能なプログラムを導出するために、分析と記述は行われている。その点が伝われば幸いである。

第一章

既得権批判——流動化と安定の狭間で

1　サブカル・ニッポンの不安な世代

†ねじれる新自由主義批判

日本社会を語る言葉が、その裡《うち》に奇妙なねじれを孕むようになっている。保守と革新、右と左、権力と市民、大人と若者。様々にあり得た社会の対立軸は、かつてであればそれが一定のまとまりを持って理解できればこそ、有効に機能し得た。大人であれば保守的で、権力に近いといった具合に。しかしながら現在では、おのおのの対立軸は解体され、非自明化されている。若者が革新的で右であったり、権力が保守的な動機付けで左に近い主張を行ったりするということがあり得るのだ。

そのねじれを象徴しているのは、二〇〇七年の参議院選挙の結果生じた、国会におけるそれなのかもしれない。もちろん私は、衆参で与野党の勢力が逆転しているから、日本の世論がねじれているなどと主張しているのではない。その結果を導いた、日本社会に対する人々のイメージの変転にこそ注目するべきなのである。

そもそも二一世紀の最初の一〇年のうち、前半を特徴付けたのは小泉政権における一連の改革であり、それに伴う社会と、社会を語る言葉の変化だった。「改革」を強く訴え「自民党をぶっ壊す」と小泉が宣言したことで、社会の対立軸は抵抗勢力と改革派に二分され、彼の味方をすることが「改革」を推進することであるという意味になった。「左」の言葉であったはずの「改革」は、彼の下に移ってしまったわけだ。

そこでの「改革」は、昨今の日本の論壇では「新自由主義」と呼ばれることが多くなっている。それは具体的には以下のような内容を指す。すなわち、社会の様々な領域を、経済的なパフォーマンスによって測定し、それがもっとも効率的に機能するように国の権限を民間に委譲し、政府支出を抑える必要があるというものだ。本書の後半で述べることを先取りしておくと、実はこうした考え方を「新自由主義」と呼ぶのは必ずしも正しくないのだが、ともあれそうした改革の必要性は、小泉政権下においては国民の支持を得ていたのであった。

だが、二〇〇〇年代の後半に至って、その改革は実は格差を拡大し、多くの地方を衰退させるものなのではないかという認識が広がっていった。それは具体的には、安倍政権への批判として顕在化し、先に述べたような政治のねじれを生み出す原動力となったのである。特に地方における「改革」の帰結への反発は、自民党内部からも声が上がるほど強いものであった。

ところが他方、安倍政権に対しては、別の角度から提出された批判も存在した。たとえば評論家の宮崎哲弥が「お友達内閣」と名付けたような旧来型の自民党の内輪政治の復活、郵政選挙の際の造反議員復党問題など、せっかく小泉政権下で進んだ改革が逆コースをたどっているという批判である。あるいは、郵政にせよ道路公団の問題にせよ、あれだけ大きなことを言っていたにもかかわらず、実際の改革は不徹底に終わったではないかという批判も存在する。

要するに、昨今の自民党政治に対する批判には「改革を止めろ」というものと「もっと改革せよ」というものが相乗りしているのである。注意しなければならないのは、主張の内容は全く反対方向を向いているにもかかわらず、両者が同じ対象を批判しているということだ。なぜそのようなことが可能になるのか。それは、いずれの立場も、より平等な社会を作るために、現在の状況を批判せねばならないと考えているからだ。

†既得権批判の構造

なぜ矛盾する二つの主張が、同じ動機に基づいて、同じ対象を批判できるのか。そのことを理解するためには、なぜ小泉改革が必要とされ、支持されたのかを思い起こさなければならない。彼が「抵抗勢力」と呼んだのは、改革に反対するすべての勢力であり、具体的には郵政関連団体や公務員、族議員、野党などがそこに含まれていた。彼らが有している既得権を解放することで、国民の下にその利権を回すことができる、というのが、そこでの主張の中心だったのだ。[1]

こうした主張の背景には、九〇年代の日本の景気停滞をもたらした要因が、既得権を保守するために各種の改革に抵抗している勢力に他ならないという認識がある。松原聡《さとる》はその「既得権」を「なんらかの公的な権力や制度を背景に持ち、多くの場合、競争を免れることによって得られる一定の利権」と定義し、国家公務員、建設業界、金融業界、特殊法人などをその例として挙げている。[2]

既得権批判の中心には、景気が停滞し、多くの人々が苦しい状況に置かれているにもかかわらず、以前と変わらない立場を守られている人々がいることへの不満がある。彼らが不当に保持している権益を、国民の下に還元しなければならない。そうした認識に基づいて、一連の「改革」は支持されていたのだった。

だから、改革の不徹底を主張する人々は、現在の状況がまだ資源の偏在を許しており、それが正しく分配されることを要求しているという点で、格差を容認しない。現在生じている不平等は、不徹底な改革のせいで、まだ解放されていない権益があることによるものなのだ、と彼らは考えるのである。

そのため、ロジックとしての「既得権批判」は、自らが不利益を被っているのは、不当に権益を保持している人間がいるせいだ、と言えばあらゆる場面で成立することになる。九〇年代において「国民」の不利益の原因として登場した既得権なる語は、現在ではより拡張した——あるいは対象を限定した——形で用いられるようになっている。それはこの章で扱う若年雇用の問題、そして次章で扱うメディアの問題に顕著である。

たとえば城繁幸は、若者が正規の雇用に就くことができないのは、「すでに雇用している人間の既得権を維持するために、若者の雇用を犠牲にした」からだと述べる。[3] ここでは、正規雇用にあるということが、必然的に「何もしないでも現在の地位を維持できる」ということを含むと見なされているのである。あるいは、大学院博士課程を出ても半数が定職を得られずに「高学歴ワーキングプア」になっていると主張する水月昭道《みづきしょうどう》は、その原因を、学生規模が縮小していくなかで、東大を中心とした大学側が、大学院生を増やす方針を採ったからだと述べる。そこで若者は、「既得権者たちのエサ」にされたというのだ。[4]

私自身、彼らの主張に共感する部分がある一方で、事実に反していると考える点もある。だが問題はそこではなく、彼らの主張に現れる「既得権批判」のロジックにおける共通性だ。そこには、自らの不遇な状況を招いている、不当に利益を抱え込んでいる人々のことが「既得権」と名指されており、それは歴史的経緯で形成されたものにすぎず、本来ならば維持されるべきものではないと見なされているのだ。

†保守化する雇用環境

安定した雇用からはじき出された人々が、既に雇用を得ている別の人々に対し、その地位は不当に専有された利権であり、解放されるべき「既得権」であると名指すのは、相当に意味を拡張した用法であろう。なぜ彼らはここまで、安定的な正規雇用＝既得権という ロジックにこだわるのか。当事者からすればある種当然の感覚となっているこの問題について、簡単に概要を振り返ってみたい。

一九九二年に「就職氷河期」という言葉が生まれて以来、若者の雇用状況といえば厳しいものというふうに相場が決まっていた。しかしながらその状況は、約一五年の時間を経て変化しつつある。図1―1は、リクルートワークス研究所が公表している大卒の求人倍率の推移を示したものだ。

それによると、各年の三月卒の求人倍率が最低だったのは二〇〇〇年。順調にいけば一九七七年生まれの世代が大学を卒業する年だ。また、景気動向に遅れて影響を受けると言われている就職率の場合、大卒では二〇〇〇年から〇四年まで五〇パーセント台後半を推

図1—1　大卒求人倍率

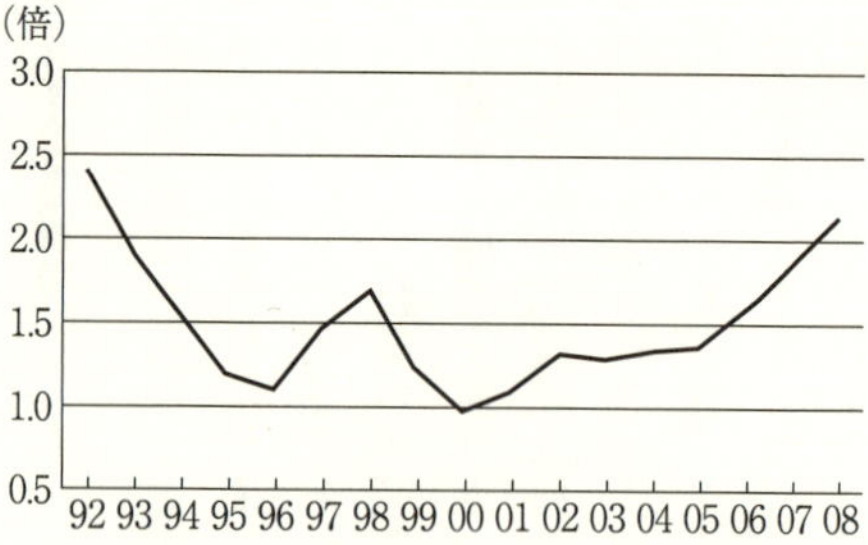

出典：リクルートワークス研究所

移し、この時期が一番厳しかったことが分かる（図1—2）[5]。二〇〇七年一月の特集記事で朝日新聞は、一九七二年から八一年生まれの世代を「ロストジェネレーション」と名付け、不況期に社会に出ざるを得なかった二〇〇〇万人が、就業状況において苦しい立場に立たされていることを明らかにしたが[6]、これらのデータは、就業状況が現在二〇代の「後期ロスジェネ」以降で特に厳しかったことを物語っている。

　こうした状況は、二〇〇六年頃から大幅に改善されつつあることが報じられるようになった。その要因として挙げられているのは、団塊の世代の定年退職に伴う求人増加と、不良債権処理の完了、回復基調にある景気の反映といった要因だった。それとともに、新卒で就職する若者たちの意識にも変化が見られるようになっている。財団法人社会経済生産性本部が毎年行っている、新入社員意識調査の結果を見てみよう。「今の会社に一生勤め

図1—2　大卒就職率

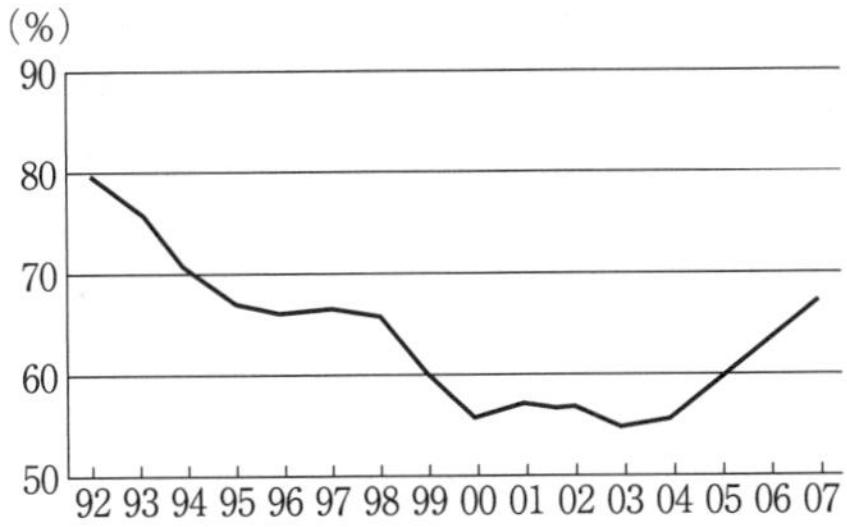

出典：学校基本調査（文部科学省）

図1—3　新入社員の意識

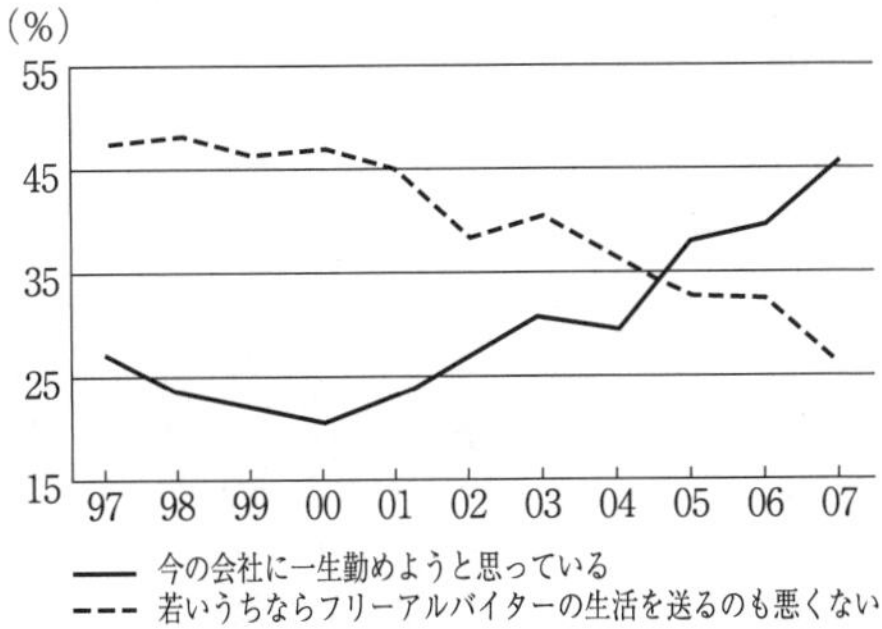

出典：「新入社員『働くことの意識』調査」（財団法人社会経済生産性本部）

ようと思っている」と回答した新入社員は、一九九七年の時点で二七・三パーセントだったのに対し、二〇〇七年には四五・九パーセントまで上昇している。同様に、「若いうちならフリーアルバイターの生活を送るのも悪くない」と考える新入社員は、四七・三パーセントから二六・四パーセントまで減少した（図1―3）。

　こうした傾向を踏まえるなら、日本社会は「雇用」という課題を、再び終身雇用へ回帰し、会社が社員の生活を保証することによって解決しようとしていると言える。[7]換言すれば、若者たちは「右傾化」といった現象とは全く別の意味で「保守化」しているのである。保身と言ってもいいが、それが「採用試験というハードルを越えさえすれば、あとは死ぬまで守ってもらいたい」という願望に結実していることは興味深い現象だ。

†「独力で生き抜け」

　雇用が回復しつつある若い世代の保守化傾向は、ロストジェネレーションたちには複雑な感情を持って受け止められている。バブル世代までが抱えていた「昭和的価値観」、すなわち庇護主義的な大企業に依存して、ただその言いなりになって生きるような価値観を批判してきた城繁幸は、率直な感想を以下のように述べている。

ふってわいたような売り手市場の到来も、望まない副産物を産んでしまっている。学生の意識調査などを見れば、彼らが企業に求めるものに「安定性、終身雇用」といったキーワードが際立って目に付く。求人倍率についても、従業員数一〇〇〇人以上の大企業に集中する形で底上げされているのが現実で、一言でいうなら昭和的価値観のゆり戻しが起きているのだ。バブル崩壊による混乱も、ロストジェネレーションの現実も、彼らは過去の思い出として忘れ去ってしまうかもしれない。いや、少なくとも職種などにはこだわらず、大手企業ばかりエントリーして回るような若者は、既に昭和の世代にとんぼ返りしているはずだ。[8]

こうした危機感は、私自身も共有している。そもそも「ロストジェネレーション」という名付け自体、一〇年以上にわたって生じた雇用環境を中心とした社会変動を、「ある世代だけが被った偶然的で不幸な現象」として切り離す口実になりかねないだろう。何より就業教育の現場において、「フリーター、ニートは意識の足りなかった負け組」などという物言いがまかり通っているという現実には、判断以前の部分で強い怒りを覚える。

だが、冷静になって考えると、ではどうすればいいのかという点で立ち止まってしまう。城が主張するのは、彼の言う「昭和的価値観」から脱し、「自助の精神」すなわち「組織やレールに頼らずに、自分の力でなんとかする」という気概を持って、自らの人生を切り開いていくことの必要性だ。そのことを示すために城は、昭和的価値観に頼らず、独力で道を切り開いた人々を、著書の中で多数紹介している。

興味深いのは、そうした自主独立の精神とともに彼が、雇用のいっそうの流動化を主張する点だ。雇用の流動化、労働条件の不利益変更（雇用主の裁量による減給など）の権利を認めるといった、通常は労働者の権利を奪うものとして批判される政策に対して城は、それが「アメリカ型の競争社会を連想する」ものであることを認めつつ、「競争すらない、封建制度みたいな」現在の日本よりは、そちらの方がよりましな体制であると述べる。[10]

なぜならば、そうした労働者の権利保護とは、結局のところ正社員の権利を守っているに過ぎず、ロストジェネレーションを中心とするフリーター層は、彼らの権利を守るために新卒採用を手控えた結果生まれたものだからだ。こうした観点に従えば、正社員の権利を守る労組も、企業も、規制緩和を批判するマスコミも、要するに既得権にしがみつく旧体制に他ならないということになる。労働条件の不利益変更とは、城にとっては、もらいすぎている人間から、もらい足りていない人間へ報酬を移転するための手段なのだ。

むろん城とて、単純な優勝劣敗でよいと考えているわけではない。ただ、現状の規制緩和、雇用の弾力化への批判なるものが、既得権を温存するために用いられた結果、必要な部分での改革を遅らせることは、長期的に見てデメリットが多いということだろう。こうした改革を前提にした上で、それに見合ったセーフティーネットの構築や、自主的な判断で選択されるワークライフバランスの追求可能性を検討する城の主張は、必ずしも規制を取りはらえばうまくいくという話ではない。

だがそれが、個人に対して、独力で生き抜いていく精神的な強さを要求し、それを持つことができない人間に「自己責任」で結果を引き受けることを要求するものであることも確かだ。内田樹は、城をはじめとする論者が要求する「徹底的な能力主義」が、弱者一般の救済ではなく、能力のある弱者のみの選択的救済を意味すると指摘している。内田によれば、能力主義を採用する限り私たちは、自分の能力が高く評価されて利益を得たという事実を、他人の能力が低く評価されて利益を失ったというゼロサム・モデルに基づいてしか確証できないため、その主張は「弱者の入れ替え」をしか意味しないと述べる。[11] 内田に従うならば、彼らの要求は「平等」というか、正確には「公平」な取り扱いへと差し向けられていると見るべきだろう。だがそれは、すべての「ロストジェネレーション」に納得のいく処方箋だろうか。

†「闘わなければ未来はない」

ロストジェネレーションのみならず、貧困ライン近辺での生活を余儀なくされるワーキングプアやプレカリアート（不安定な貧困労働者）の惨状を告発し続けている雨宮処凛は、自らの世代に対する「自己責任」という物言いに、胸が詰まる思いをするという。[12]（私も含めた）彼女たちの世代は、マスコミの言説で、労働の現場で、私的な人間関係で、常に否定的な物言いに晒され続けてきた。それが本当は自分の責任だけに帰されるものではないことに気がついた以上、声を上げて闘わなければ未来はない、という切なる想いがそこにはある。そのことを理解せずに、主張の形式だけを取り上げて「自己責任」を云々されることは、彼女たちにとっては、怒りよりも先に哀しみを呼び起こすだろう。

「悪いのはお前だ」と言われて、とたんに言い返せなくなってしまう人間も、一分でも隙を見せると、「ほらみろ、人のせいにするなんて、なんて卑怯な奴だ」と、さらに罵ってくる輩も、確実にいる。そうした人々を前に、「あなたが悪いわけじゃない」と言ってあげることには、間違いなく意味がある。怒りより先に謝罪が口をついて出るのはパーソナリティの問題だとしても、それが自らの困窮を存続させるのであれば、勇気を持って言い返さなければならない。そこまで彼女たちは追い詰められているのだということが理解されなければ、「自己責任論」は容易にそうした人々を追い込む武器になる。

城の求める自己責任は、何もせずにのうのうと安定的な椅子に座っている連中から、それを奪われた人々へと資源を移転するために必要とされているものだ。だが、そうした環境の中で、「お前こそもらうべきではない人間だ」と糾弾されたとき、誰もが胸を張って反論できるだろうか。一〇〇パーセントの自己責任があり得ないのと同じく、一〇〇パーセント他者の責任ということもない。自主独立の精神とは、そこで自分の貢献をきちんと主張できる強い意志を、人々に要求するものなのだ。

事態をややこしくしているのは、両者の闘争の相手が、形式上一致しているという点だ。その闘争のまなざしは具体的には「団塊の世代」へと差し向けられている。ここではロストジェネレーション問題は、社会の貧困の問題ではなく、端的に世代間対立へと回収される。なぜなら、彼らこそ「守られた世代」の代表だと見なされているからだ。

彼らを中心とした正社員を守るために、若者の雇用を中心とした規制緩和が進んだ結果、若い世代の労働力の一部が「使い捨て」扱いされるようになった、というのは事実だ。しかし、その前段「彼らを守るために若者の雇用だけを流動化した」という点が強調されれば、城のように「お前らこそ流動化しろ」となるし、後段の「規制緩和が、使い捨てられる労働者を増やした」という点を強調すれば、規制緩和こそが批判されるべき元凶だということになる。「もっと規制緩和しろ」と「規制緩和はいけない」という主張が混在している状況は、そのまま日本社会の内包するねじれの縮図である。

私は何も、不利益を被った世代の主張を内側から分断したいのではない。また、規制緩和と規制緩和批判のどちらかの立場しかあり得ないとも考えてはいない。必要なところに規制を含めたセーフティーネットを構築し、不必要な規制を緩和すればいいだけの話だ。ただ、一見すると両者の主張は真っ向から対立しているし、求められる人間像も大きく異なっている状況で、それらをすべて「ロストジェネレーションの利害」といった具合で一括してしまうと、双方の主張の都合のいい部分だけを取り上げ、本来緩和されるべき規制を取り払わずに、緩和すべきでない規制が取り払われるという事態が生じる可能性があることを危惧しているのだ。

†サブカル民主主義の帰結?

そうした危険性に対して、具体的にどのような政策があり得るかを論じることもできよう。しかしながら私の関心は、それと少しずれたところにある。なぜ、「新自由主義」改革によって生じた格差や不利益を解消するために、より新自由主義的な改革を徹底せよという主張が生まれるのか。それは、個々の論者の心根の問題なのか。おそらくそうではない、というのが本書の立場だ。「批判だったはずのものが、いつの間にか批判対象と同じ主張にすり替わる」という現象は、現代の気分として分析の俎上に上げられなければならないのである。

雇用に関する「改革の徹底」とは異なる例を挙げてみよう。いわゆる「新自由主義」批判のバリエーションのひとつに、「ナショナリズム批判」がある。すなわち、新自由主義改革の結果産み落とされた「負け組」が、精神的な支柱を求めてナショナリズムに引き寄せられ、排外主義的な主張を行うようになるというものだ。

たとえば近藤瑠漫と谷崎晃は、ネット上で右派的な発言を行う「ネット右翼」は、経済的な弱者によって担われているのではないかと指摘している。

> 現実生活に改善や希望があまり見出せない「負け組」「負けかけ組」は、近年の日本政府（自民党右派）や保守論壇の勇ましい排外的発言に賛同する。経済不安や生活不安の本質から目を背け、漠然とした心理的不満や不安、動揺の捌け口を「外部の敵」に見出そうとする。日本国外の敵、または国内の自分より弱い存在を見つけ、時には捏造し、それらに対して攻撃的姿勢を取ることで、自分の心理的拠り所を確保しようとする。（中略）匿名による自由発言の可能なネット空間は、表立ってはタブー

視されるような半ば本能的な差別発言も許されてしまう。「負け組」「負けかけ組」にとってのネット右翼参加は、内実はナイーヴな個人の心を支える「つっかえ棒」「拠り所」として機能するのだ。[13]

この種の主張は、「負け組―右傾化―ネット」の三位一体としてよく語られるものだが、どの程度事実に基づいているのかは疑わしい部分もある。北田暁大は、二〇〇七年に行ったウェブ調査の結果、自分の現在の暮らし向きを高く見積もる者ほど、愛国心が「強い」という知見が得られたと述べている。[14] 経済的な環境と「右傾化」を単純に結びつける立論には、慎重になる必要があるだろう。

むしろ近藤と谷崎の議論で注目すべきなのは、彼らの言う「サブカル民主主義」とネット上に現れる排外的主張との関係だろう。サブカル民主主義とは、かつての「対抗文化《カウンターカルチャー》」としての性格を有していたサブカルチャーが、消費社会に馴化《じゅんか》され、ラディカルさや批評性を喪失した状態で、民主主義そのものまでサブカル化した状況を指している。[15] 彼らがその淵源として挙げるのが、八〇年代に日本で流行したニューアカ、ポストモダン思想である。理性による抑制的行動を否定したニューアカのあだ花がネット右翼だというのだ。

ネット右翼が、現実社会に残存する理性的抑圧から本能的欲望であるエスを放出する行為は、まさしく理性の否定である。ネット右翼が敵視する左翼系、リベラル系の言説にはまだ人間の理性に対する素朴な信頼のようなものが残存しており、それを攻撃したり揶揄、嘲笑する言動はまさに反理性的である。また、ネット右翼がナイーヴな心の「つっかえ棒」を求める傾向は、主体性の揺らぎや主体性に対する不信や否定の顕著な現れである。ネット右翼の戦法は、どこからともなく匿名のまま集まり散じて、攻撃しつつ逃走するというゲリラ戦術に似ている。これはニューアカが提唱した（元はドゥルーズ＝ガタリが唱えたものだが）、権威に対する逃走論、「シラケつつノル」ような態度、あるいはノマド（遊牧民）的戦術と重なる。[16]

このように述べた上で彼らは、八〇年代のニューアカと二〇〇〇年代のネット右翼を接続したのが、ニューアカの用語系を引用したアニメなどのサブカルチャーだったと述べる。しかし私自身はその分析にはほとんど賛成できない。というのも、上記のような立場からすれば、批判されるべきは左派の持つ言説の理性的な側面や戦術ということになるはずだが、そうした傾向と真反対の特徴を持った運動も、批判の俎上に上げられるからだ。

たとえば、二〇〇五年の英国Ｇ８サミットに合わせて世界中で展開されたキャンペーンであるG―CAPの例を考えてみよう。これは日本では「ほっとけない世界のまずしさ」というキャッチコピーで知られる、世界の貧困に対する関心を示す「ホワイトバンド」を身につけることをアピールした運動だ。多くの著名人がこの運動に賛同し、コマーシャルなどで大々的な宣伝が行われたが、後にそれが「途上国への寄付ではない」「ホワイトバンドの売り上げの使途が不明朗である」などと大バッシングを受けることになった。キャンペーンの中心人物であるマエキタミヤコは、この事態について海外の仲間に相談したところ「そんな事例は世界中で初めて聞いた」と言われ、逆に責められて辛い思いをしたと述べている。[17]

ホワイトバンドは、「アドボカシー」という政治戦略の一環として企画されたもので、世界の貧困は寄付によっては救えないことを政府に対して提案する団体に対して、賛意を示す道具である。この点がアピール不足だったことは否めない事実だが、興味深いのは、そこでのバッシングの構図だ。このアドボカシー・キャンペーンは、少なくとも日本においては、理性的というよりは感情的なテレビCMを通じて、それこそノマド的に人々の賛意を得るという手法を採用していた。それに対してネット上でわき上がった批判は、「政策への賛意を表明するために、会計が不明朗な団体のバンドを購入する必要はない」「構成主体に社会的信頼性の低い団体が含まれている」「これまで日本が行ってきたアフリカ諸国への支援が無駄になる」といった、少なくとも形式上は冷静かつ理性的なものだったのである。[18]

なぜ先進国で唯一、日本だけでホワイトバンドに対する批判が巻き起こったのかについて考えるのも重要だ。そこにはおそらく、近藤らが言うのとは異なる意味での、日本の「サブカル性」のようなものが影を落としている。だがここで注意を払わなければならないのはむしろ、日本をポストモダン的な価値相対主義に基づくサブカルチャーの蔓延した国だと見なした上で、それが既存の「政治」を掘り崩していると見なす解釈が、文脈上どのような意味を持つのかということだ。近藤らはこうした「政治のサブカル化」としてのサブカル民主主義に対抗するために、サブカルの政治化、すなわちサブカル的戦略に基づいた運動の可能性を示唆する[19]のだが、現実にはそれは「大文字の政治」の復権を招来することになるのではないか。

†ナショナリズムに踊る左派

大文字の政治の復権とは、言い換えればサブカル的社会に対抗する「まじめな政治」の必要性を唱えるということだ。特に近年、複数の政治的問題に絡んで、右の側からも左の側からも、正面からナショナリズムを扱う動きが生まれつつある。ひとつの契機となったのは、米国同時多発テロからイラク戦争へ至る流れの中で、日本の右派・保守派が米国との協調の下、その支援に回ったことに対する保守派内部からの批判だった。保守主義者を自認する西部邁と小林よしのりは、「自由と民主主義」のために戦う米国に追従するのは、本来の保守思想に反する振る舞いであると、親米保守論客たちを手厳しく批判した。[20]

また同じ頃、岩波的左派知識人の代表格と見なされることもある小熊英二は、終戦直後の左翼が持っていた共通のモメントとしての「愛国」というテーマを取り上げ、「左派＝反愛国」が、必ずしも確たる立場でないことを再認識させるきっかけを作った。[21] これ以後、日本の左派・右派それぞれの内部から、「真の愛国」とは何かという議論が提出され、それは、いわゆる「右傾化」とは切り離された領域での、ナショナリズムに関する議論を盛んにしている。

その傾向が特に強まったのは、小泉改革以後、特に地方の窮状が盛んに論じられるようになってからだ。小林よしのりは、市場主義に則った改革で地方・弱者を切り捨て、格差を拡大する米国追従型の政策が「右」と見なされることに対して強い批判を加え、[22] また財界からも、格差拡大を是認する経済政策を否定する声が聴かれるようになった。[23] そこには、地方と中央の格差拡大だけでなく、ライブドア事件を経て、若者の中から優勝劣敗の考え方や、拝金主義を肯定する傾向が出てきたのではないかということへの危惧も含まれている。

真の愛国者であれば格差は放置できない、とするのが右派内部からの批判のロジックだとすれば、左派からは、格差を放置できないという愛国的な感情は肯定されるべきであるという形で、ナショナリズムが論じられている。姜尚中は著書の中で、グローバリズムの市場主義が負け組を生み、彼らが癒しとして求める愛国主義とは異なるナショナリズムの可能性を論じている。[24]また日本における社会民主主義の可能性を追求し続けている山口二郎も、「国土」という発想を失った日本の問題を指摘している。[25]

左派のそうした主張は、経済的格差が拡大するにつれ、互いを支え合う気概を失った日本を再び国民的統合の下に置き、再分配の正統性を調達するためのロジックとして要請されているものだと理解してよい。私自身もインタビューや著作などで、再分配的な社会保障政策の根拠としての「ナショナリズム」が欠如していることを、左派・右派にかかわらず問題であると指摘したことがある。[26]

そのため幾分の自己批判も含めて言えば、昨今のナショナリズム論議の高まり、特に左派のそれは、どこか「はしゃぎすぎ」の感が否めない。右派からの批判が、反米・反進歩主義という主張を一貫させることによる「真の右派」の復権を目指したものだとすれば、左派の場合、そこには「平等」の根拠としての「愛国」が、無節操に持ち出されているようにも見えるからだ。もちろんそこでの「愛国」は、同胞を支え合う動機の源泉であり、安易に国粋主義的なもの、戦前的なものと混同することは強く戒められている。それでも、「右」や「左」といった図式が錯綜し、ねじれを生んでいる現状で、その経緯を整理することなしにナショナリズムを持ち出すことや、あるいはそれが、世論の中にもたたみ込まれている「ねじれ」を一気に解消する特効薬のように理解されることがあるとすれば、やはり問題だと言わざるを得ない。

奇妙なのは、既に述べたとおり、格差拡大による不満を隠蔽するためにナショナリズムが持ち出されることが、「新自由主義」に対する批判の論点であったはずなのに、それを批判していたはずの側がいつの間にか「善い（危険でない）ナショナリズム」を持ち出せと主張し始めていることだ。ここでもなぜか、批判者がいつの間にか批判対象と似たような立場に転化していくという現象が生じているのである。

†不安型ナショナリズムの裏表

経済や雇用の分野では、新自由主義によって生じた改革の結果、不利な立場に立たされた人々が「もっと改革を進めろ」と主張し、政治の分野では、改革の結果高まるナショナリズムを批判していた人々が、ナショナリズムに基づく格差解消を訴える。ふたつの領域で生じていることは、一見すると無関係な現象に見えるかもしれない。だが私見に従えば、これらの主張は、実は同じ出来事の裏と表にすぎない。それは高原基彰の言う「不安型ナショナリズム」の帰結とでも言うべきものだ[27]。

高原の言う「不安型ナショナリズム」は、往々にして新自由主義改革の結果生じた格差から目を背けるために持ち出される排外的ナショナリズムのことだと理解されるが、そうではない。彼が強調するのは、そうしたいわゆる「愛国」と、東アジアのネットなどで盛り上がる右派的な主張の間には何の関連もないということだ。ではなぜ若者とネットが右寄りに見えるのか。それは、一連の経済変動、特に若年層の雇用の流動化によって生じた国内左派勢力に対する失望・反発としての「ナショナルなものに対する漠とした期待」が、そこに賭されているからだ、と私は解釈している。それは具体的には、かつてあった高度成長であり、それを前提にして営まれる生活を「当たり前」のものとして享受したいという願望である。

先ほど挙げた城のような論者が、どのような主張をしていたかを思い出してみよう。そこでは「昭和的価値観」を自明のものとして企業の中に居座る「既得権層」から、その取り分を若者へと移転しろ、ということが述べられていたのだった。だがなぜ彼らは、そうまでして日本社会の改革を要求するのだろうか。城も指摘しているように、自らを飼い殺しにする日本の企業や制度に不満があるなら、外資に就職するなり、海外に行って仕事を探すなりすればいい。しかしそうではなく、主張されるのは、団塊の世代なり大企業の経営者なり、ひたすら「既得権」にしがみついて自分たちを搾取する存在に、「それをよこせ」と要求することなのだ。

海外の例を見ても、たとえば韓国や中国では、日本を飛び越えて米国へ留学し、そのまま現地で仕事に就くエリートが増え、人材流出が深刻な問題となっているという。時間のかかる制度改革よりは手っ取り早いはずの「日本脱出」は、なぜ選択されないのか。むろん語学の問題なり、海外移転にかかる初期費用の問題なりはあるだろう。しかし書店に行けば、単身で海外に渡って成功した日本人の体験記などいくらでも見つかる。むろんそのすべてが、もともと恵まれていた人の手によるものばかりではない。

そこで「若者たちは独立独歩の気概がない」とか「海外脱出ができない人だっているはずだ」といった精神論・能力論に依拠するのは、あまりに安直というものだ。ここで私たちは、「既得権をよこせ」という主張の、真の願望に目を向けなければならない。彼らが求めているのは、自分たちを正しく評価する環境を築くことではない。かつての日本に存在していた（と認識されている）既得権的な立場を、自分にもよこせ、と言っているのだ。そして現実にはそれが不可能であるからこそ、「より一層の改革」が次善の策として要求されるわけだ。

もちろん、個々人の単位で言えば、様々な思いはあるだろう。だが、独力かつ自己責任で生きる環境を本当の意味で推奨する人は、自らの不遇な状況を既得権層のせいにしたりはしない。それも自己責任で引き受けた上で、自らをもっとも高い値で買ってくれる相手を探すはずだ。そういう道を選ばず、既得権層を名指した上で「それをよこせ」と言うとき、彼ら——そこには私自身も含まれている——は、「かつてあったはずの安定」と「実力が試される不安定」との間で、心情的に引き裂かれているのである。

その意味で、「不安型ナショナリズム」を高原の定義から幾分か拡張して再定義するならば、そこには、ある時期まで共有されていた期待としての「ナショナル・ミニマム」を保障する主体としての国家、という像が織り込まれている。その期待が果たされることを求めて、左派がナショナリズムを持ち出す一方、若者たちはその期待に裏切られるからこそ、あらゆる場所に「既得権」を見いだして批判せずにはいられないのだ。

†理想の生き方からの疎外

そうした願望が織り込まれている理由は、何も若者たちの心理の問題だけに求められるのではない。一般にロストジェネレーションの不満は、正規雇用のある・なしに帰着するとみなされているが、実際にそこで求められているのは、安定した雇用と、それについて回る「一人前」という評価だろう。日本においては、成人し、毎回の選挙で投票していたとしても、学生のことを「社会人」とは呼ばない。法的な権利はあっても、正規雇用に就き、企業の中で責任を果たしていなければ「社会に出て活動している」とは見なされないのである。

そのため、これらの機会を喪失していることは、ただちに結婚・出産・育児といった機会からも疎外されやすくなるという結果を招く。ロストジェネレーションの問題として、収入が確保できないため家族が作れないということがよく言われる。確かに絶対的な収入の面では、家庭を持つ最低限度以下にとどまる人も一定数はいるだろう。しかし、フリーターの身分では相手の親に会いに行けない、収入の長期的な見込みがないから子供を産むのに躊躇する、といった要因まで含み込んで考えれば、いわゆる正規雇用から外れているということが、その個人の社会的機会を大きく損なうものであることは明らかだ。

そもそも、正社員でなければ社会的に大きな不利益を被るような制度設計自体、既に時代に合わなくなっているはずだ。それにもかかわらず、「正社員になる」という振る舞いに、これらの付随要素までを含み込んで考える作法は、私たちの中に深く染みついてしまっている。言い換えれば、正社員でなければ、社会人として、家族を作るに足る人間として不完全な資格しか有していないのではないかという不安が、現在再び回帰しつつある正社員志向の背景にあるということなのだろう。

城のような論者が制度改革のみならず、若者に対する「意識改革」を強く求めるのは、そうした事情を反映している。しかしながらそれは、どうしても強い意志や決断力を、若者たちに要求せざるを得ない。というのも、「正社員以外の生き方」を選択するということは、単なる働き方の問題ではなく、それに付随して生じると予期される様々な社会的機会の喪失を覚悟せねばならず、あるいはそれを選択するにあたって親や恋人、配偶者に対しても、粘り強い説得を必要とする「生き方そのものの選択」を意味するからだ。

長期的には、こうした圧力や不安は制度改革や価値観の変化によって低減するであろうことが予測される。しかしながら短期的には、ロストジェネレーションの親世代であるところの団塊前後の世代との価値ギャップも含めて、状況は簡単に変化しそうにない。こうした様々に錯綜した要因によって、現在の私たちを取り巻く「ねじれ」が織り上げられているのである。

こうした状況に対する処方箋を考えるためには、ある側面における最適解を導出するだけでは材料不足である。たとえば、ロストジェネレーションの状況を打開するために、非正規雇用の正規化や、賃金格差の是正を行ったとして、それですべての問題が解決するだろうか。そのことを論じるためには、「安定雇用」なるものが、どのような期待の上に求められているのか、そしてそれは現在の日本において本当に可能な期待なのかといったことを、きちんと把握しておかなければいけない。そこで次節では、「当たり前の安定」と見なされている正規雇用なるものが、いかに特殊な前提で成り立っていたかを明らかにしていく。さらにその上で第三節では、現在の私たちを取り巻く状況が、どのようなメカニズムの下に「不安」や「自己啓発」を要求しているのかという点を論じていく。多少回り道のように思えるかもしれないが、それは複雑に織り込まれた現状を解きほぐしていくために、どうしても避けて通れない過程なのだ。

2 約束の土地、終身雇用

若者たちのねじれた願望の焦点となっているのは、正社員＝一人前という価値観であり、それを元に設計される人生なのだった。不況期に新卒雇用を抑制され、あてどなくそのコースから遠ざかってしまった世代、「ロストジェネレーション」にとってそれは、あこがれの対象であると同時に憎しみの対象でもある。

そのアンビバレンツな感情は、若年層の中でも特に自らの境遇に不遇感を持っている層に、一種のラディカリズムに対する共感を呼び起こしているのではないかと思う。自分たちは本来、こんな目に遭うはずがなかった。現在の境遇は、「既得権」に居座っている連中が、地位と資源を独占しているからに違いない。それは、本来なら自分たちが持っているべきものである。だから、それをよこせ、と。

あらゆる場面において、その言い分が無根拠なものだとは、私は思わない。もちろん、すべての既得権者はただちにロストジェネレーションにその地位と給与を譲るべきだといった乱暴な主張をしない限り、それが「本来」誰のところにあるべき資源なのかを決定する審級は、どこにも存在しないことは明らかだ。ある資源を持っているべき人と、そうでない人は、世代や地位に関係なく分布しているに決まっている。

ロジカルに突き詰めれば、既得権に対する要求を、「それは本来自分たちの手元にあるべきだから」といった理由で正当化しようとすれば、「そんなことを言っている君こそ、本来、それを持つべき人ではない」と宣告された人には何も与えなくていいということになる。「より公平な評価をせよ」という主張に与することなく、こうした言い返しを回避しようとすれば、「うるさい、とにかくそれを俺によこせ」というラディカリズムに帰着するのは必然だろう。

その不満がラディカルに噴出するほど、そもそもそこで名指されている「既得権者」が、本当にそんなものを持っているのかという疑問は霞んでいってしまう。たとえば、団塊の世代は終身雇用で守られて、定年まで逃げ切り、あまつさえ年金暮らしをしようとしている、という非難が投げかけられることがある。しかし実際に起きたのは、定年までの終身雇用を見込んでローンを組んだにもかかわらず、九〇年代の不況でリストラの対象になるかもしれないとおびえながら、やっとのことで会社にしがみつき、退職する頃になって年金記録の不備が明らかになり、右往左往するという事態だ。二〇〇〇年代になって若年雇用が注目されるようになる以前は、リストラや不況で首をつった中高年世代の方が問題だとされていた。拓銀・山一が破綻した九七年から九八年にかけて、日本の自殺者数は一気に跳ね上がるが、その中でも一番自殺者が多かったのは当時の五〇代で、前年から五〇パーセント以上の増加を示したのである。

要するに、全体の〝椅子〟が少なくなっている状況の中で、もともと椅子に座っていた人間と、そうでなかった人間の差が、世代差という形で現れたに過ぎないのだが、さらに言うならば、そこで既存の雇用が守られたことで、若い世代が正社員になれない代わりに、フリーター暮らしをしつつ親の仕送りに依存して生きることができたという一面の真実も存在する。そうした世代間の「たかりあい」が不可能だった人々が、真の意味での貧困状態に陥ることになったのであって、それは既得権云々とは関係のない話だ。

本来なら自分の手元にあるはずの資源、という理解が幻に過ぎないのだとすれば、どのような道があり得るか。ひとつは城のように、もはやそれを持つ資格など誰にもないのだから、諦めてみんなで流動化するべきだという立場があるだろう。私自身もこの節で述べるような理由から、アンビバレンツな感情で求められている古典的な〈安定〉への志向は手放されるべきであると考える。と同時に、次節で述べるとおり、急速な流動化は人々に対して強い不安とバックラッシュ傾向を惹起する可能性を含んでいるので、公的な制度設計や私的な領域でのサポート網も、必ず必要になってくるとも考えている。

この種の議論にはいつも、「優勝劣敗の市場主義か、安定した高福祉の社会か」という二者択一が迫られるのだが、雇用の流動性を高めることや市場の動きと協調することが、必ずしも格差社会を容認するわけではない。また、そもそも日本が安定した福祉国家だったというイメージも、理解としては間違っている。いくつかの誤解を解いてからでないと、来るべき社会ビジョンについて説明できない状況があるわけだ。以下では、その誤解や、あるいは正社員志向の源泉のひとつとなっている「新中間大衆論」を検証しながら、なぜ「安定した正社員」として私たちにイメージされている地位が維持不可能なのかについて述べていくことにしよう。

†保守政党支持のメカニズム

ここで取り上げる「新中間大衆」とは、村上泰亮が一九八〇年に発表した「新中間大衆政治の時代」で用いられた概念である。これは一九八四年に『新中間大衆の時代』として刊行され、後の「日本＝総中流社会」というイメージの基盤となってきた。その階層論としての中身についてはいくつかの異論も提示されているが、ここでは彼の提示した階層論そのものではなく、新中間大衆が自民党という保守政党を支持した理由について説明した部分に焦点を当て、議論の導入としたい。

一九八四年の段階において村上は、戦後日本の政治史を三つの時期に区分している[28]。第一期は、敗戦から一九五五年までの変動期、第二期は、五五年から七〇年代後半までのいわゆる「五五年体制」の時期、そして第三期が、七〇年代後半からの保守支持復活現象以降の時期だ。村上の関心は、他の先進国の傾向と比較して、なぜ日本で保守支持が復活しているのかという点にある。

一九六〇年代には衆議院で一四〇議席台を確保していた社会党は、七〇年代には一二〇議席前後、八〇年代以降は、いわゆる「マドンナ旋風」の追い風を受けた一九九〇年の総選挙を例外として、一〇〇議席を割り込むまでに退潮する。自由主義か社会主義かという対立で二大政党制が確立すると考えられていた時期からすれば、考えられない低落ぶりだった。代わって登場した民主党と自民党の二大政党が主たる対立となった現在だが、その政策には大きな差異が見られず、「保守二大政党制」と呼ばれもする。

七〇年代以降の社会党支持の後退を取り上げるのには、およそ二つの意義がある。ひとつは社会党離れが、八〇年代後半の社会主義体制の崩壊を待たずして生じたということ、言い換えればそれは「社会主義の終焉」といった世界的な現象とは別個の出来事として捉え得るということ。もうひとつは、中曽根政権における一連の「新自由主義」的改革を進める基盤となったのが、一九八六年の衆院選における自民党の大勝（自民三〇〇議席、社会八五議席）にあったこと。すなわちこの「自民支持・社会退潮」が、現在までつながる「改革」の原点となっているのである。

村上は、保守支持の背景を、日本の階層構造の変化と、それに伴う政治システムへの期待の変化という点から説明する。進歩的な近代化史観に従えば、伝統的な価値観に依存する自民党的な保守体制は徐々に支持を失っていくはずだったが、そうならなかったのはなぜか。あり得る仮説として彼は、①国民の生活が相対的に豊かになり、政治に無関心な層が増えた、②新しい生活環境に合わせて登場した課題への異議申し立てを行う新左翼運動を、旧左翼政党が適切に取り込めなかった、という二点を挙げて検討する。

村上が、それらの傾向がどのように推移するかを考える際に重要な要因として考えるのが「階層の非構造化」である。すなわち、兼業農家も含めた賃金労働者の増加によって、階層間の流動性が高まり、賃金格差も縮小し、いわゆる「総中流」意識が前景化するというのである。これがあの有名な「新中間大衆」の議論だ。

この議論は、後に佐藤俊樹による通時的な検証によって、むしろ八五年以降、上層ホワイトカラーの世代間継承性と閉鎖性が上昇したことが指摘されている[29]。つまり、団塊の世代以降で「誰でも中流になれる」という幻想は終わりを告げたというのだ。ただ佐藤も指摘するとおり、重要なのは人々が自分も中流で「あり得る」と期待できたことであり、また実際に格差が固定化しているかどうか、機会の平等が保証されていたかどうかは、後にならないと検証のしようがない。

村上の議論がそのような限界を抱えていたことを考慮してもなお、ここで彼の議論を取り上げるのは、それが労働者の質的な変化と、保守支持との関係についての日本的な文脈を明らかにしているからだ。そもそも日本は、世界的に見れば近代化の後発国にあたり、それゆえ諸外国に追いつき、追い越すことを目標として、行政主導の開発が進められてきた、いわゆる「開発主義国家」だ。その場合、中心となるのは国会議員が立法を通じて支持基盤・地元に対して行う利益誘導ではなく、官僚に対する働きかけを通じたそれだ。どこに道路を引くか、どこに新幹線を通すかといった政策決定プロセスに関わろうとすれば、官僚に近い国会議員を通じて、管轄省庁に対する陳情を行う必要がある。結果として、官僚に一番近づける政権党としての自民党が支持されるという構図ができあがるわけだ。

だが、経済的な基盤が豊かなものになると、人々は自身の生活の保身を第一の関心として挙げるようになり、結果として政権党に投票するか、棄権するかという選択を行う無党派層が増加する。これは一般的には、保守政権党の基盤を流動化させる作用を持つはずだ。にもかかわらず保守政党への支持が強まるのはなぜか。

村上はそこに、豊かになった国民の「保身性」と「批判性」の二重性を見て取る。すなわち、豊かな国民の関心事は、自身の豊かさの保持にあるわけだが、その内実は、将来の遠い目標に向けられた「手段的」なものから「即自的」なものに変化しているというのだ。即自的（consummatory）というのは、将来の目標に照らして現在を犠牲にすることを避け、いまさえよければいい、と考える価値観だ。

もっと豊かになるためにいまは必死に働こう、と考えるのではなく、そこそこ豊かになったのだから、純粋にいまを楽しもうと人々が考えるようになると、その基盤を守ってくれる政治的主体に支持が集まる。それに対して旧来の左派政党は、資本主義体制、産業社会に批判的な立場をとり、豊かさよりも未来の平等の達成のための献身を人々に求めていた。他方、一九六〇年代以降の新左翼運動は、産業社会の非人間的な管理体制を批判するのみならず、旧左翼の中央集権的な体制に対しても根源的な批判を行った。しかし、その批判は政治体制の中には適切に組み込まれず、現在に至るまで草の根の市民運動として自発的に担われているに過ぎない。対抗勢力が組織化されなかったことが、ここでの保守支持の要因のひとつとなっているというのだ。

†利益指向型の政治

こうした国民の性向の変化を受けて、自民党支持の構造も変化する。彼が挙げるのは、次の二つの要因だ。まず、彼が「利益指向仮説」と呼ぶものについて見てみよう。

一九七〇年代に入って、自民党は政策の対象を都市消費者にもおくようになり、そのことによって本格的な利益指向型包括政党となった。たとえば、七〇年代前半の社会保障制度拡充は福祉水準を他の先進社会なみにひき上げた。同じ時期に採用された環境保護政策は先進社会の中で最も厳しいものであった。さらに、公共投資が都市の住環境整備に向けられるようになった。これらの政策の結果として、七〇年代後半になって、本格的に豊かな生活水準を享受しうるようになった日本の都市消費者は、自民党への支持を強めた。[30]

実際にこの説明通りに社会保障制度が拡充されたのであれば自民党支持の理由として納得がいくが、この点については注意して見る必要がある。確かに田中角栄政権は、一九七三年を「福祉元年」と位置づけ、老人医療制度の無料化や福祉給付水準の引き下げなどを行った。だが、オイルショックの影響などによる福祉財政の逼迫は、早くも一九八〇年代には「福祉の自己負担化（受益者負担）」の流れを作り出す。武川正吾は、八〇年代の福祉政策の中で用いられた「日本型福祉社会論」が、福祉国家の重要性を謳っているにもかかわらず、ロジックとしては反福祉国家的、つまり自己責任と国民負担増を強いるものであったことを指摘している。[31]

また都市基盤の整備にしても、下水道整備の遅れや、公共事業を通じた利益誘導という要因を考えれば、大都市部周辺の郊外では多くの住宅が整備されたとはいえ、そこに住むサラリーマン世帯が積極的に自民党を支持するほどの要因になっていたかは疑わしい。むしろここで注目するべきなのは、福祉などではなく、相対的な生活水準の向上が、政権に対する満足度を高めたという要因ではないか。

それは、村上の議論に即して述べるなら、以下のような「経済成果比較仮説」にあたる。

石油危機以降の世界経済の混乱、それに基く「成長の限界」の悲観主義、とくに日本経済の「ひよわさ」についての認識は、経済状況のあるべき姿についての日本人の期待水準を大きく引下げた。このような悲観的期待に比較し、そしてさらに他国経済の石油危機の経済的成果に比較するとき、自民党政府の経済運営は、危機を良くしのいだものとして一般から高く評価された。[32]

つまり、オイルショックに直面した他の国に比べて、思ったほどひどいことにはならなかったので、自民党が支持されたということだ。この仮説を正確に検証するのは難しい。ただ、消極的な意味であればこの仮説はあてはまるのではないかと私は考える。というのも、オイルショックを乗り切った最大の要因は、政府の舵取りではなく、厳しい財務状況の中で徹底したコストダウンを労使協調の下に行った、民間での努力だったからだ。ジャスト・イン・タイム方式に代表されるこうした工夫は、八〇年代の輸出大国日本の基礎となるが、そこでは政府の役割は限定的で、せいぜい労使協調の手助けをしたに過ぎない。

こうした状況で政府の役割はむしろ、イデオロギー的課題の後景化を受けた、「余計なことはしてくれるな」という要望に応えつつ、従来の自民党の支持基盤であった農村と地方にせっせと利益を誘導することだったのではないか。そこでは社会党の提案する護憲や労働者保護といった政策は、国民の中心的な課題とはなり得なかったのだ。[33]

†福祉なき日本を支えた「発展のリング」

ではなぜここまで自民党支持が広がったのか。村上の言うような公的福祉の充実でないなら、国民は何を支持したのか。それは各種規制や行政指導を通じて間接的に行われた、男性正社員（サラリーマン）が理想とする人生設計が容易になるような制度設計だ。逆に言えば、日本の福祉に対する直接的な公的支出は低い水準にとどまり続けていたのである。たとえば、一九八〇年時点での社会保障費用のＧＤＰに占める割合はわずか一〇パーセント。アメリカより低い、先進国最低の水準だった。八〇年代にはアメリカの政策論争の中でも、日本を、政府の産業政策が成功した開発主義的国家と見なすか、民間の自助努力がよく行き渡った、「小さな政府」の国と見なすかで意見が割れていたほどだ。[34]

だとすれば、誰が国民の生活を守っていたのか。もっとも大きな主体は、日本的雇用慣行で従業員を抱え込んだ企業だった。「日本型雇用」とも呼ばれるこの独自の仕組みは、企業別組合、終身雇用（長期雇用慣行）、年功序列型賃金制度といった要素からなり、一九五〇年代から六〇年代にかけての日本企業研究の中で言われるようになったものだ。このほかにも、公的年金の上に乗せられる厚生年金などの企業年金や、長期雇用を前提にした職場での能力開発といった要素を挙げてもいいだろう。

これらの雇用慣行が可能にしたものは何か。ひとつは、従業員から見た場合、長期的な視野に立った人生設計ができたことであろう。労働運動など過去の経歴を問われたり、大きなミスを犯したりしなければ、一五年勤続で管理職。ボーナスまで組み込んだローンが組めれば、持ち家が買える。そして退職後は子供の収入をあてにしなくても、年金収入だけで独立して生活していけるはずだ。こうした期待が醸成され、高度成長を前提にした賃金の上昇が、それをより確実なものにしていった。

逆に言えば、これらは労働者にとって「企業に頼らなければ生きていけない」環境が当たり前となっていたことを意味する。これは企業別組合、終身雇用といった条件と組み合わせたとき、日本独自の企業風土を生み出す要因となった。すなわち、新卒一括採用からの終身雇用というキャリアコースは、必然的に企業の人材を閉鎖的なものにしてしまう。また、企業別組合制度は、一方では工員（ブルーカラー）と職員（ホワイトカラー）の間の垣根をある程度なくさせる役割を果たしたものの、他方で強い企業内結束を生んでいく。こうした要因が絡まり合って、日本企業の家族主義的な風土がはぐくまれ、さらにそれが企業間競争を促進する要因となり、高度成長を支えたのである。

もうひとつの主体は、家庭、とりわけ専業主婦によって守られたそれである。高度成長期には、「金の卵」と呼ばれた若い労働力が都会へ大量に流入するが、こうした人々が都市部・郊外において核家族を形成する。このとき、郷里の伝統的なイエ構造から解き放たれた人々が家族モデルとしたのは、アメリカから入ってきた一連のホームドラマだった。こうした「サラリーマンのパパ」と「専業主婦のママ」とその子供からなる核家族は、日本では一九五五年から七五年にかけて急速に増加する。[35]

専業主婦のいる核家族世帯を支えたのは、先に述べた企業の雇用慣行と、いわゆる「標準家族」を対象とした各種制度だ。年金に関して言えば、一九八六年に「第三号被保険者」制度ができるまで、専業主婦の多くは、自己申告で年金を支払わない限り、離婚した場合には年金受給対象となることができなかった。また、女性の社会進出を妨げる要因となっているとして批判されてきた所得税の扶養控除も、税制面で優遇される自営業者に対してサラリーマン家庭が持つ不満の解消を目的として、「妻の内助の功を評価する」という名目の下、一九六一年に制定されたものだ。[36]

さらに、主婦には「息子の嫁」として、親の介護までもがその役割として期待されていた。これらをまとめるならば、戦後の男性正社員の生活は、企業と女性の自主的な努力によって支えられていたのであり、それは、経済成長が今後も見込めるという企業の期待、これからの女性の幸せは専業主婦＝ホームドラマのような奥様になること（日本が貧しかった時代には、専業主婦はぜいたくな立場以外の何者でもなかった）という個人の側の期待と重なり合い、急増するサラリーマン家庭を支えていたのである。

むろん、そうした世帯以外の人々もまだ多数いた。こうした人々は、自民党が采配する利権誘導と規制による保護の対象となった。八〇年代の半ばまで農家に対する自民党の保護は強固であり、それは彼らの有力な支持基盤となっていた。また自営業者に対しても、出店規制や公共事業を通じて生活を守るという策が講じられた。都市部と比較して相対的に産業が活性化していない地方にも、地方交付税交付金が配分された。これらは、核家族化に伴って拡大した都市周辺の生活区域、すなわち郊外を整備する基礎となったのである。

こうした「会社―家庭―地域」のリングを間接的に支えたのが、五五年体制、より具体的には六〇年安保の後の自民党だった。岸政権は憲法改正による再軍備と自主防衛の道を考えてもいたのだが、六〇年安保の反対運動の広がりによって、民主主義への支持がもはや覆しがたいことが明らかになると、岸の後を継いだ池田政権は、経済成長を通じた所得倍増政策で、自らへの支持を取り付けようとしたのである。

しかしながら、こうした「発展のリング」は、一九七〇年代以降、徐々にその限界とほころびが明らかになってくる。それは、現在に至るまでの「改革」の起点となったものであり、そして、若者たちが突然奪われたと思っているものが、実際には少しずつ失われていたのだということを示す過程でもある。

最初の転換点は一九七〇年代だ。田端博邦は、七〇年代後半以降、日本の労働組合が使用者側との協調路線を強め、現実主義的な立場を採るようになった結果、労組の影響力・発言力が弱まったことを指摘している。[37]その背景には、自動車を中心とした製造業が輸入規制の緩和で国際競争を強いられるようになった結果、労働者の要求より企業の存続の方を重要な事項にするようになったことがある。

それにより、後にまで残るいくつかの変化が生じる。ひとつは、労組と経営者側の距離が接近し、小集団活動や技能習得を通じた内部労働市場の形成が行われたということだ。[38]これは簡単に言うと、会社にとどまり続ける限りは、仕事のスキルも賃金も上昇することが見込めるがゆえに、利益が大きくなるということを意味する。田端は、七五年以降の春闘において、労使協調の、それどころか現場での自主的な賃上げ抑制が行われたことを指摘している。

もちろんその背後には、下請け構造の中で系列親会社の意向に左右される中小企業や、コスト削減の圧力による現場でのストレスといった問題も存在した。大きく見れば、ここにきて労使を含めた企業内の人間関係は、閉じられているがゆえに、その内側にいる人々に対して強い平等志向を、外側の下請け企業などに対しては冷遇を招きやすいものになっていたわけだ。これは九〇年代の不況期においても引き続き維持され、正社員の雇用と賃金を守るために、新規の採用を手控えるという帰結をもたらす一因となったのである。

それだけを見れば、まさに企業と結託した労組こそが「既得権」としての正社員の地位を保つために、若者を犠牲にしたようにも思える。いかに別様のライフスタイルに対する想像力を欠く状況があったとしても、それは指摘されなければならないだろう。だが、だからといって、それを奪いさえすれば、自分も同じ椅子に座れるというわけではないということもまた、ここで指摘しておかなければならない。特に八〇年代以降に生じたいくつかの変化を、先ほどの「発展のリング」に即する形で説明してみよう。

†「いい学校―いい会社」神話の崩壊

まずは企業の部分に注目しよう。そこでは、終身雇用と年功序列型の賃金、企業別組合といった要素が、強く共同体的な結びつきを従業員の間にもたらしていたのだった。だが、繋がりが閉鎖的であるというだけで、それほどまでに密な関係が生まれるのだろうか。この点について日本の雇用環境に関するいくつかの研究は、職場だけでなく、そこに参入するためのルートまで含んで検討しなければならないことを教えている。

たとえば神代和欣《こうしろかずよし》は、日本の労使関係の特徴を説明する要因として「優良な雇用機会の希少性」を挙げている。[39]人口密度や企業風土などの影響で、中小企業と大企業の間の格差が、質的な面も含めて大きくなりやすい日本では、給料がよく、安定していて、ローンや年金、社会的な地位、結婚の可能性などに恵まれた「優良な雇用機会」――いわゆる「いい会社」――が全体の中に占める割合がどうしても小さくなる。新卒一括採用を基本とした閉鎖的な労働市場という条件下では、そうした雇用機会を得るためには、一生懸命勉強して「いい大学」を出なければならない。むろん採用の道はそれだけではないのだが、偏差値上位校と下位校では、就職の際の選抜のロジックから異なる。いわゆる日本型メリトクラシーの構造である。[40]

「いい学校を出て、いい会社に入る」というコースは、私たちの人生設計の基本枠組みとして、いまも根強く存在する。しかしいくつかの研究は、このコースが既に七〇～八〇年代にはほころび始めていたことを指摘している。竹内洋は、豊かさから疎外されているがゆえに生じ得た立身出世への野心が、豊かさの獲得とともに失われ、また受験体制の産業化・社会化に伴って、輪切りにされた偏差値区分で自分の位置を見定める心性が広がる「受験のポスト・モダン」が、昭和四〇年代に始まると述べている。[41]

昭和四〇年代の受験生というと、七〇年前後に大学に入学する世代だが、彼らが中心になって巻き起こした、全共闘をはじめとする日本の学生運動の動機のひとつに、マスプロ化した大学教育に対する不満があったことはよく知られている。それは、大学を出ても、「社会／会社」という完成された管理の体制の歯車となるしかない現実に対する、学生たちの不満の表れだったと見ることができるだろう。[42]

もうひとつデータを挙げよう。先に紹介した佐藤俊樹は、「新中間大衆論」を実証的に再検討する過程で、昭和ヒトケタ世代まで順調に高まっていた上層ホワイトカラー職の開放性が、団塊世代になって反転し、閉鎖的になったことを明らかにしている。[43]閉鎖性が強いとは、上層ホワイトカラーの子供ほど、上層ホワイトカラーになりやすいということだ。その要因は、経済成長が止まったことにあるのではなく、経済成長とともに出世の選抜競争に参加する人が増えるという、歴史的に一回しか起こらないタイプの成長パターンが終わってしまったことにある。学歴を持たずに就職する人々が多ければ、そこから出世する人も一定数出てくる。だがそのサイクルが一周すれば、学歴のハンディをはねのけて出世するのは、非常に困難なものにならざるを得ない。

言い換えればそれは、「いい学校－いい会社」のカップリングが、実際には限定されたものでしかなく、「いい学校に入ったからといっていい会社に入れるとは限らないが、いい学校を出なければいい会社には入れない」という、抑圧的な環境が生まれていたことを意味する。それを最初に経験するのは、まさに昭和四〇年代に大学に入る団塊の世代である。

安定と明るい未来を約束された正社員という地位は、経済成長という「椅子の数の増加」だけでなく、それ以前との落差が明白であればこそ、それを約束することに意味があった。だがそれが、大卒で会社に入った以上は「当たり前」として認知されるようになると、その約束を守り続けるためには、そこに入れる人間を選別する「椅子取りゲーム」の方に力を割かなければいけなくなる。終身雇用そのものが悪いのではないが、停滞期以後も終身雇用を守るためには、椅子の数に応じて一定の脱落者を必要としてしまうことが問題なのである。

†ライフコースの多様化

企業だけでなく、家庭の方も事情が変わっている。大きいのは、特に八〇年代以降、女性の社会進出が圧倒的に進んだことだ。むろん以前と変わらない就業上の問題はある。だが、「女性は会社に残るべきではない」というのと、「女性は会社に残るべきなのに、制度がそれを妨げている」というのでは、前提に根本的な違いがある。この前提の変化こそが、男性正社員システムを揺るがす要因となった。

すなわち、社会的に了解された規範が「女性は家庭にいるのが幸せ」というものだった場合、既に述べたような女性に負荷をかける男性正社員中心の仕組みは「女性の幸せを守るもの」というふうに読み替えることもできたわけだが、そうした認識が通用しなくなってくると、同じシステムが「女性を家庭に閉じこめるもの」として批判の対象になる。七〇年代以降のフェミニズムの重要な成果として、この認識上の転換を社会にもたらしたことは、挙げられておくべきだろう。

女性が専業主婦になり、企業戦士たる男性正社員を支えるという前提が成り立たなくなると、他の領域にも影響が及ぶようになる。出生率の低下はその代表的なものだが、ここではもうひとつ、家庭を維持するという出来事の「個人化」について述べておきたい。個人化とはここでは、かつて社会で共有されていた目標が、個人の選択に任されるようになることを指すが、「家庭を持つ」という出来事にも、そうした変化が訪れるのだ。

八〇年代の半ばに話題になった「DINKS（子供なし夫婦世帯）」に象徴的に現れるように、もはや家庭を「次世代の労働力を再生産する場所」として見なすことが適当でなくなると、家庭を維持する目的は、その人たちが自ら選んだもの（安らぎを得る、親を安心させる、好きな人と一緒にいたい、世間体など）でしかあり得なくなる。もちろんやむを得ない事情でそれができない人もいるが、先にも述べたとおり、「選ぶ、選ばない以前に選択肢がない」ということと、「選択肢はあり得るのに選ぶことができない」というのとでは、話の前提が大きく違うのである。[44]

ちなみにこうした前提の変化に一役買ったのは、消費社会を肯定するマーケティング言説だった。一九八〇年代の半ばから、ボードリヤールなどの消費社会論に影響を受けたマーケティングの分野で、「感性の時代」や「個性の追求」がキーワードになり始める。電通、博報堂がそろって「小衆」「分衆」といった形で「脱・大衆論」を展開するのもこの頃である。フェミニストの一部も、主婦という役割に女性を縛り付ける家庭から離れ、消費を通じた自己実現が可能になるということを、積極的に肯定したのだった。[45]

注意しなければならないのは、こうした消費社会肯定論が、実際には「正社員モデルの限界」と並行して訪れた現象だったということだ。正社員という椅子が七〇年代に飽和していたことは既に述べたが、八〇年代に問題になるのは、ニュータウンへのドーナッツ化現象である。都心に家を建てることが難しくなり、買えるとしても通勤二時間の郊外、という現実が迫り出してくる。つまり、「男性正社員モデル」の重要な一角である、「妻と子供を養う一軒家」を持つことが、国土の面で限界に達していたのだ。

消費社会は、モノとしての商品ではなく、商品の情報を中心に消費する社会だ。それゆえそこでは常に「現実の不確実性から寓話の空間が生みだされ、その寓話の世界が膨張して現実を呑みこみ、現実を機能させ、さらに新しい現実と寓話のたわむれを生みだしていく」[46]という相互関係が見られる。そのゲームのような日常は、かつて「理想」だと思われていたものさえも記号の一部として消費し、虚とも実ともつかない「夢」のようなものへと変えていくのである。

興味深いのは、その「理想」、つまり男性正社員が支える中流の生活というモデルが限界に達したとき、理想の記号化、脱中心化が生じるということだ。より平易に言うとこうなる。「あなたはあなたらしい生き方を、自分の好きなように選びなさい」という言辞の背後には、「黙ってレールに乗っていれば、あなたの収入と配偶者と住処が保証される時代は終わりました」という本音が隠れていたのだと。

おそらくいま生じている正社員モデルへの回帰は、「あなたらしい生き方」なるものの「虚構性」を目の当たりにした人々の、「実」を求める心性の表れであろう。だが、その「実」なるものも、現在から照らしてそう見えているだけなのだ。「正社員は安定」という現実を支えていたのは、自分の椅子は用意されているに違いないという信仰だった。そして、その前提で初めて引き受けられる様々な種類の義務から逃れる術は、存在しているようには思われなかったのである。[47]

†開発主義的再配分の限界

では、やはり維持不可能になったシステムを諦め、雇用を流動化し、一人でも多くの人間が職を得られるようにするべきなのだろうか。簡単にそうとも言えないのは、椅子が増えていない状況で雇用を流動化すれば、低熟練労働者、女性、若者といった不利な立場にある人間から首を切られ、再就職が困難になることが予想されるからだ。

こうした人々の雇用の受け皿をどうやって生み出すことができるだろうか。かつてであれば「公共事業」がその答えになったかもしれない。だが、九〇年代の不況期に公共事業を積極的に行った結果膨張した財政赤字は、二〇〇〇年代に入って「構造改革」の必要性にお墨付きを与える結果となり、もはやそうした形での雇用を用意することは難しくなっている。それは二〇〇〇年代に入ってからの、地域間格差の拡大をもたらしたのである。

図1―4は、各都道府県の一人あたりの所得のうち、上位五県の平均と下位五県の平均を比較したものである。これを見ると、二〇〇一年以降、地域間の格差が拡大傾向にあることが分かる。ただし、その水準はおおむね九〇年代半ばと同程度であり、二倍以上の差が付いていた一九六〇年代と比較すれば、必ずしも「小泉政権以降、地方と中央の格差が劇的に拡大した」とは言い切れない[48]。

図１—４　一人当たり県民所得の格差

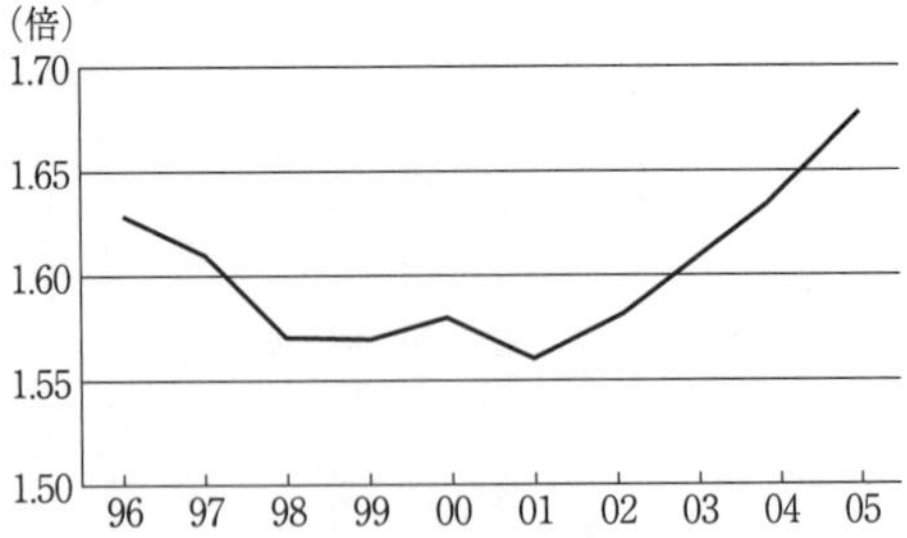

出典：平成17年度県民経済計算

ただ注意しなければならないのは、格差は縮小しているとはいえ、一九七〇年代以降、地域間格差が景気の影響を受けやすくなっていること、公共事業と政府予算に依存する体質が生まれていたことなどを加味しなければならないということだ。そのため、かねてから地方の権限拡大、予算の自立が目指されていたのだが、現在の地方は、自立の手段を欠いたまま放り出された状態にある。それは職業訓練も受けないまま不安定就労を余儀なくされる若年世代と重なる姿である。

地方の状況を特に厳しくしているのは、単に収入がないということではない。むしろ資本が地域内を循環する仕組みの方に問題がある。丸田一は、第三次産業の集積が都市部に偏っていることの要因として、中央による地方の資源収奪の構造があることを指摘している[49]。それによると、地方における資本循環は、「地域内の所得循環」、製造業を中心とした「全国的な所得循環」、国と地

図１―５　崩壊する地域経済の循環

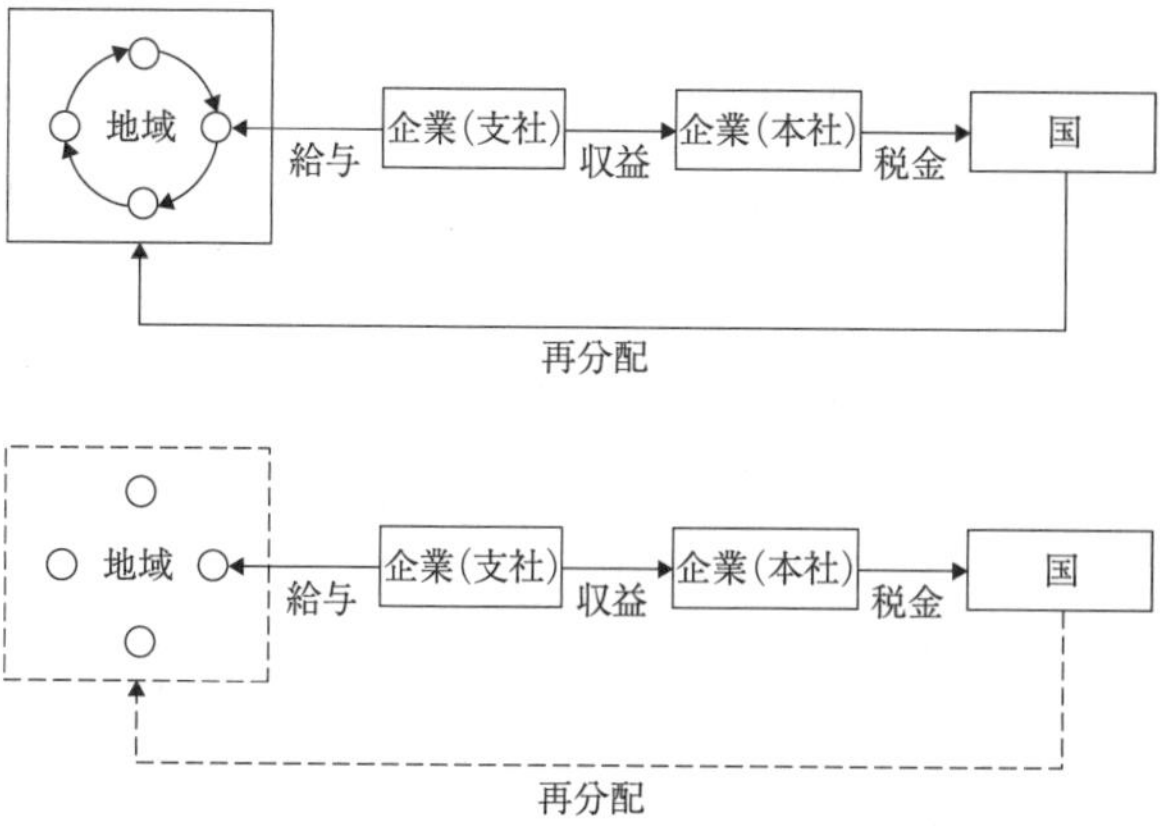

地方支社の収益が本社の利益として吸い上げられても、それが税金として徴収、再分配され、また地域内の経済が閉じている場合、域内循環が活発に行われる（図上部）。たが再分配のルートが途絶え、地域経済が閉鎖的でなくなると、企業からの給与が地域内を循環しなくなってしまう（図下部）。

出典：丸田一『地域情報化の最前線』
北原偵輔、矢田俊文『地域経済システムの研究』を参考に筆者作成

方自治体の「財政再配分機構」の三つから成り立っているという。地域内で得られた利益は、そのまま地域の人々の懐に入るのではなく、本社の営業利益として、あるいは税金として一度東京に集められ、それから配分されるのである。

地方の第三次産業の基盤となる需要を支えていたのは、一度中央に集められた資本の再配分なのだが、企業がそれを支店の運営資金に回す場合、どうしても大都市圏から重点的に配分されることになる。また、近年のグローバル・リスクの拡大を受け、多くの大企業が利益を内部留保するようになっているため、この配分は小さくなっている。そうした状況で、国から地方に回す資本、つまり公共事業や地方交付税交付金といったリソースを削ってしまえば、第三次産業の有効需要も失われてしまう。

よく地方の経済的問題として、商店街のシャッター通りが挙げられる。なぜこうした商店街が生まれるのか。それは、不景気というだけでなく、再配分が切り詰められたことによる需要の後退と、規制緩和によって入ってきた中央の資本に、地域内の所得が吸い上げられてしまったことによる。結果的に、そうした中央の企業に勤める人が得た所得だけでは地域内の産業を支えきれず、また地域内の活発な資本循環が行われなくなることで、それまでの地場経済が機能不全を起こすのである。

そもそも中央からの再配分で地方を支えるという構図は、「全国的に均一な成長を達成する」という目標があればこそ可能になったものだ。中長期的には、少子化・過疎化の影響を考慮すれば、全国でまったく同じような地方を作るのではなく、それぞれの特色と個性を生かした歳入モデルや地域開発を行っていくことの必要性は疑いようがない。実際に、地方分権の流れもそうした方針の延長線上にある。だが、全体の需要が高まらない限り、開発しても利用する人がいないという状況は確実に生じる。今後は中央からの再配分を、規制によって閉じられた地方の中だけで循環させるという仕組みではない、新しい再配分のシステムを考える必要があるだろう。

†停滞のリングを超えて

かつての日本社会を支えていると見なされていた「発展のリング」は、企業、家庭、地域のそれぞれで、もはや人々の生活を支えられなくなっており、それぞれがそれぞれにかつての「責任」を期待するがゆえに、「停滞のリング」へと変化してしまっている。こうした状況は、どのように乗り越えられるべきか。

早急に対策が必要なのは、かつてのリングからこぼれ落ち、貧困状態にあえぎながらも助けを求められないでいる人々だろう。近年、格差拡大論やロストジェネレーション論など、特定の時代、特定の世代を対象にした貧困・格差への批判が相次いでいるが、そもそもこうした人々が生まれた原因は、政府が国民に対する直接の保障を行わず、企業経由での間接的な保障しか行ってこなかったことにある。そのため研究者の一部は、格差論や世代論などに現在の問題を回収することなく、もともとあったのに「見えない」ことにされていた貧困まで含めた社会的な保障体制を構築する必要を訴える。[50]

私自身も、こうした傾向には同意する。多様な世代的・時代的状況をひとまとめにして「みんなが苦しくなった」とか「誰もが中流から没落する可能性がある」などと煽っても、一時的に世論は盛り上がるかもしれないが、分け合うことができる資源は限られている。いずれ「世界的に見れば豊かな人ばかり」「月収○○万円もあれば生きていけるはずだ」「フリーターでも職があるだけマシ」といった形で、救済されるべき正当性獲得のための不幸自慢が始まるだろう。「格差」が「他より高い・低い」ということを根拠にする以上、明確に富が集中している敵を名指せなければ、常に「少し上」が一番許せないという感情を呼び起こすからだ。

日本という社会を生きていくのに必要なラインを政策的に定めた上で、それ以下であれば無条件で生活が保障されるという当たり前のセーフティーネットを構築するという議論へと話の主軸がスライドしていけば、こうした不幸自慢とは距離を置いた——したがって誰にとっても納得可能な——貧困対策が可能になる。

だが、それで話はすべて解決するのだろうか。企業や家庭に福祉の負担を押しつけることはもはやできないとすれば、政府保障を手厚くすることは必須だが、そのこと自体は、現在「新自由主義」と呼ばれている動向を否定することにはならない。むしろ、手厚い政府保障に保護されているからこそ、新自由主義的な環境で生き抜くことが、人々に求められさえすると考えるべきだろう。だとするならば必要なのは、貧困状態を脱していれば、現在の環境には何の問題もないのかどうかを検討することだ。そこで次節では、いまの私たちが、どのようなメカニズムの下で生きているのかについて、「情報化」や「クリエイティビティ」といった概念を元手に考えてみたい。

3 自己啓発する宿命論者

†この道を迷わず行けば

もう後戻りはできない、とよく言われる。いまこの時代に適応しなければ未来はないのだと。それは若者だけに向けられるのではない。社会人になっても、自己鍛錬と最新の動向へのキャッチアップは常に求められる。そしてそれはいつも、「かつてあった暖かく甘い時代への郷愁を断ち切れ」というメッセージとともに、私たちに向けられる。

しかし、そのことはどこかで変化すること、以前と違う状態であることを自己目的化してしまう。「『変わらなきゃ』も変わらなきゃ」というキャッチコピーがかつてあったが、私たちはいつの間にか、カイカク、カイゼンと言い続けているうちに、目標なき「差異化のための変革」のサイクルに取り込まれつつあるのかもしれない。もちろん他方で、昔のものなら何でもよかったに違いないと考えるのも問題なのだが。

ここまで述べてきたとおり、いま私たちの生きている社会は、「改革」と「郷愁」の間で引き裂かれ、これまでの政治対立とは異なる、いくつもの対立軸に囲まれている。左派に近い人々がナショナリズムを掲げ、経済的利益ばかり追求する企業人は売国奴だと罵る一方で、一般にも「昭和ブーム」のような、バーチャル化された「かつての日本」が理想化されて受け入れられている。だが経済誌に目をやれば、そこには毎週のように変化する世界情勢、競争に負けた企業の末路、モチベーションを高めてくれる書籍などの情報で溢れかえり、さながら私たちは日々戦争状態にあるかのようだ。

こうした状況の中で求められるのは、どのようなことだろうか。敵を見つけて罵ることか、現状に無関心を決め込むことか、自分を活かしてくれる企業を探すことか。いずれにせよ個人が短期的にできることは限られている。社会を変えようと、まじめに投票することを決意したとして、では誰に、どのような意思で投票すればいいのか、それすらもはっきりと定められないでいるし、選ばれる当の政治家にしても、それは同じだろう。

確かに、レールに乗っかり、人に言われるままに黙々と頭を下げていれば、誰かが勝手に生活を保障してくれる生活は、羨ましいと思う。「自己責任の時代」を批判する声は多いが、それが結果的に――えてして批判者には自覚すらされていないが――「人はロボットのように生きるのが幸せだ」と言っているのとほとんど変わらない、グロテスクな帰結を導くのだとしても、そこにはある種の避けがたい誘惑がある。

そうした企業/家庭/共同体が「あるはずだ」と信じることはできる。だが誰にとっても重要なのは、ゲームのルールは変わってしまったということなのだ。私たちは、二人三脚のように肩を組んで揃ってゴールすることを求める社会から、足を結んでいたロープを解かれ、ばらばらに走り出すことを求める社会に放り込まれてしまった。そうした社会で、再び足を結ぶべきパートナー(企業なり配偶者なり)を探すことはできるし、運がよければそういう相手に出会うこともあるだろう。だが、すべての人が二人三脚を求めているわけでもないし、はじめから足を結ばれている運命の相手も、もはやどこにも存在していないのである。

こうしたことを言うと、ただちに「自己責任を要求するのはけしからん」と非難の声が上がる。確かに、自己責任というか、ルールに合わせて迷わず生きていける人間ほど優位に立てるのは事実だろう。だが私は、ゲームのルールが変わっているのにかつてのようなゲームが可能であるかのように言いつのるのは、それによって影響を受ける人間の一生に責任を持つのでない限り、はるかに罪深いことだと思う。新しいルールの中で、不利な立場に立たされ、チャンスを奪われる（最初から得られない）人はいる。それは既に述べたとおり、「貧困」のような社会的問題に対するセーフティーネットをどのように構築するかという問題だ。

もうひとつ、忘れられがちなことがある。それは、セーフティーネットというものは、落ちたときにしか役に立たないということだ。そして、それは落ちるまで本当に「セーフティー」であるかどうか分からないのである。その精神的負担は、セーフティーネットを論じる際、往々にして忘れられがちだ。

取り上げられなければならないのは、セーフティーネットのところまで落ちる手前、普通に生きている大多数の人々にとって、現代はどのような時代なのかということだ。彼らには、流動化、不安定化、貧困といった出来事は、他人事でしかないのだろうか。むろん「あなたもすぐにでも貧困化する」などと脅すことが、ここで必要なのではない。やっぱり大多数の人は、どこかで働いて禄を食むことになるのである。大事なのは、そのゲームがどのようなルールで運営されているのかについて知ることだ。

†クリエイティブな才能の時代

新しいゲームと古いゲームを比較するとき、そこでもっとも変化しているのは、求められるプレーヤー、つまり私たちが持つべき態度やスキルだ。リチャード・フロリダは、それを以下のような形で説明している。

いまや、より多くの人々がクリエイティブな仕事で生活するようになっている。建築家から美術専門家、エンジニアや科学者から芸術家、作家、上級管理職、プランナー、そしてアナリストから医師、金融・法律の専門家まで、高度にクリエイティブな職に就く人の数は、二〇世紀になって目覚ましく増えている。一九〇〇年時点でクリエイティブな職に就く人の数は、アメリカの労働力の一〇パーセントにすぎなかった。ところが、八〇年には、その数は二〇パーセント近くにまで増えた。現在ではアメリカ国内でおよそ四〇〇〇万人の労働者、つまり労働者全体の約三〇パーセントがクリエイティブ産業で働いている。[51]

いま本当に重要なのは、新しいアイデア、新しい技術、新しいビジネスモデル、新しい文化様式である。まったく新しい産業の創造は、本質的に人間の能力による。これこそクリエイティブ資本である。経済を成長させ繁栄させるために、あらゆる主体は、それが個人であれ企業であれ、都市であれ州であれ、そして国であれ、おしなべてクリエイティビティを育て強化し、移動させ、その能力に投資しなければならない。[52]

ここで求められている新しいゲームのプレーヤーが持つべき能力とは、端的に言って「クリエイティブ（創造的）」であることだ。クリエイティブであることとは、芸術の才能のことではなく、サービス産業全般において、創意工夫を凝らして付加価値を生み出す能力のことを指す。むろん、サービス産業といっても業態は多様だ。だからここで「クリエイティブ」であるということは、そうした多様な環境で、柔軟に対応し、新しいアイディアを生み出すことのできる、人間の基礎的な能力のことをひとまとめにして言っていると見なすべきだろう。

労働環境において、人間としての全般的な能力が問われるようになっているのは、むろん日本でも同様だ。本田由紀は、日本経済団体連合会が二〇〇四年に出した提言において、次世代の人材に求められる要素として、実行力、コミュニケーション能力、プレゼンテーション能力、シミュレーション能力、ネットワーク力、異文化理解能力といった「ポスト近代型能力」が挙げられていることを指摘している。[53] 本田によれば、企業が採用の際に求める人材像も、過去三〇年を経て、こうしたポスト近代型能力、すなわちここで言うクリエイティブであるための基礎的人間力を重視するようになっているという。

フロリダは、こうしたクリエイティビティを有した人々を「クリエイティブ・クラス」と呼び、二一世紀の世界経済の担い手として注目している。彼らは流動性が高く、自らの才能を活かすことができれば、世界中どこへでも出向いて、自分を高く売り込む、いわば究極のフリーランサーたちなのだ。

だがフロリダが彼らを「階級《クラス》」と呼ぶのは、いささか奇妙だ。というのも著書の中でフロリダは、クリエイティブ・クラスは新しいエリートなどではなく、人間が等しく持っている才能を発揮すれば、誰もがそうなる可能性を有した存在だということを強調しているからだ。ならば、固定化された特権を持つとイメージされる「階級」という言葉は、ここでは似つかわしくないはずではないか。ここにはおそらくフロリダの本音が見え隠れしている。彼らは、旧秩序の階級制度を破壊し、現代に新しい階級制度を持ち込む存在なのだ。

ゲームのルールが変わったとは、そういうことだ。要するに、長期雇用に守られた安定的な正社員という「特権階級」に対し、自らの能力だけでその秩序をひっくり返す人々が登場し、彼らのルールに従って序列付けを行う。そこでは、どんな企業に勤めているかではなく、どのような仕事のポートフォリオを持ち、ひとつの仕事でいくら稼ぐ人間であるかということが評価の指標になるのである。

むろん、そこで低い評価しか受けられなかったものは、新しいルールに従って、それ相応の処遇を受けることになる。だが、もっとも肝心なことは、そのルールは、まだ世界を覆い尽くしているわけではないということだ。それゆえ、旧秩序の中で不当な評価しか得られていないと感じている人々ほど、この新しいルールの下でこそ、自分は正しく評価されるはずだという期待を抱いて、古いルールの破壊に荷担することになる。実際に彼らのうちのどのくらいが、新しいルールのゲームの「勝者」となれるかは不明なのだが。

それでも、新しいルールなんてまやかしだ、やっぱり勝ち組と負け組が生まれるんだ、と叫んでみても、どこか空しい。というのも、本田も認めているとおり、こうした創意工夫のできる人材、主体的に生きることのできる人間像こそ、かつて受験競争を批判し、民主的な教育が必要だと主張する論者が提唱し続けてきたあり方そのものだからだ。

それゆえ、どれだけ「新しいルールでも、勝者になれるとは限らない」と言いつのってみたところで、「それでも今の環境よりはマシかもしれない」と考えた人々にとっては、今こそが生かすべきチャンスだ、と受け取られてしまうという事態は十分に生じうる。今のルールでもジリ貧なのだから、いち早く新しいルールに適応できるように、自らを研鑽しなければならない——こうした「意図せざる誤配」が生む一種の自己啓発は、ルールについて述べる際に生じる、やっかいなジレンマを私たちに提示している。

†生産の情報化と新しい差別

社会的に対処しなければならない問題について述べることが、受け手の自己啓発を促してしまうという困難は、何も受け手のリテラシー不足によって生じているわけではない。そもそも新しいルールが、自己啓発を誘発しがちな性質を持っているのだ。

そのことについて述べるために、新しいルールがどのように私たちを分断していくのかについて簡単に説明してみたい。あるコンサルタントが、特定の業界向けにまとめた中期戦略のレポートを、一部一〇万円で販売するとしよう。このレポートは、出来はともかく見栄えに関しては、最新のワードとエクセルを用いて作成されており、カラフルで洗練されたチャート、わかりやすいグラフなどが多用されている。販売形態は、ウェブサイトのフォームからの申し込みがあった顧客のメールアドレスに、ＰＤＦファイルを添付して、直接データで送信する方法を採っている。

現在でもありふれている——私もそうした仕事をしていたことがある——こうしたビジネスモデルは、だが、うっかりしていると見過ごしそうな変化を前提にしている。まず、ソフトウェアを用いて図表を簡単に作れるようになったことで、それらをイラストに起こす人にわざわざ仕事を頼む必要がなくなった。どうしてもイラストが必要になるのは、ソフトだけでは作れない高度な図を描かなければならないときだ。また、メールに添付して送付するため、新規の注文が入っても、新たにレポートをコピーしたり綴じたりする雑務も不要になった。

こうした「生産物の情報化」によって生じるのは、単に売り買いされる商品が、物質からデータになるということだけではない。それを生産する過程で、かつて必要だった仕事が不要になり、職を失う人が出てくるのだ。しかし、その影響は社会の中でも不均等に訪れる。ダイアン・コイルは、いわゆる情報化によるダウンサイジングでホワイトカラーが大量に失業するという通説を否定している。[54] もっとも失業しやすいのは、これまでも不利な立場にあった女性や若者、非熟練労働者などだ。

他方で、これまで以上に地位を向上させる人々もいる。それは、企業向けにクオリティの高いレポートを作成することができる人だったり、ソフトウェアで自動的に作成することができないようなイラストを描くことができる人だったりする。まさにクリエイティブな能力を発揮することができる人は、その人にしかできない才能を持っているがゆえに、市場で自分自身を高く売ることができる。

モノを生産していた時代には、企業の競争力の源泉となったのは、いかに資源を集約して保持できるかということだった。それを国単位で確保しようとすれば、かつての帝国主義のように、資源国を植民地化する必要があるが、企業のレベルでも、半導体や鉄鋼の買い占めという形で、資源の集約は行われていた。しかし、モノではなく情報が付加価値の源泉になる時代では、増産にかかる限界費用（一単位追加で生産する際にかかる費用）は限りなくゼロに近づく。そのため、資源を集約的に持っていなくても、無限にコピー可能なデータの形で販売することで、「財の希少性」という限界を乗り越えることができる。そこで競争力を生み出すのは、資源ではなく「人の希少性」である。つまり、才能のある人を集められるかどうかが、競争力を左右するのである。

人の希少性が、企業と従業員の価値、ひいてはその人自身の収入を決めるのであれば、そこには能力に応じた格差が生まれる。その格差を説明するのによく用いられるのが、クリントン政権の労働長官だったロバート・ライシュが提起した概念だ。ライシュは、情報化された時代の労働者を、「ルーチン生産サービス」「対人サービス」「シンボリック・アナリスト」の三つに区分している。[55] 従来型の単純作業や、非熟練のサービス業に従事する前二者と異なり、シンボリック・アナリストは、既成製品ではなく、新しい問題を発見し、解決法を提示し、適切な才能の媒介を行うことで利益を得る、いわば広義のコンサルタントにあたる人々だ。医師や弁護士なども、そこに含まれる。彼の議論の中では、こうした人々が来るべき時代の新しい主役として位置づけられている。

だが、ライシュの有名な議論の中からここで注目するべきなのは、むしろ対人サービスの分野である。対人サービスとは、主にシンボリック・アナリストたちを相手にするサービス業のことであり、受付業務、インストラクター、介護職などが挙げられている。こうした人々は、ブルーカラーの職を失った人々の流入により、最低賃金周辺の労働を余儀なくされており、今後も増加するだろうというのがライシュの予測だ。

それに対して、こうした対人サービスにこそ将来性があると予測する議論も登場している。ライシュが、対人サービス業従事者にとっての最大の敵は機械による自動化だと予測するのに対し、前に挙げたコイルは、自動化や情報化が進むほど、コミュニティや個人サービスといった、人間にしかできない仕事の価値が上昇するだろうと述べている。[56]

こうした議論には、賛成すべき点と反対すべき点とがある。まず賛成すべき点は、シンボリック・アナリストに限らず、情報化によるダウンサイジングとコスト低下、各種業務の自動化は、ますますルーチン的な仕事を人間から奪っていくが、それはかえって「人間にしかできない仕事」の付加価値を増大させるということだ。対面関係を必要とする職が今後も増加するという予測には、相応の説得力がある。

だが反対すべき点もある。サービス業従事者の報酬は増加するだろうか。彼らの報酬は、まさにそれが人間にしかできないという価値を持っているがゆえに、職務内容ではなく、各自の能力に応じて支払われる。カリスマ美容師は確かに高額の報酬を手に入れられるかもしれないが、それはすべての美容師の報酬を上昇させるわけではないのだ。

むしろ、そこでは人間にしか売れないが、人間ならば誰でも売れるような低廉な仕事が増えていく可能性すらある。それは一般に「マックジョブ」と言われる。マクドナルドの「スマイル」が「ゼロ円」であるのは、このネーミングと併せて考えれば象徴的だ。スマイルは、人間の笑顔でなければ価値がないが、人間であればほぼすべての人が提供できるサービスであるため、金銭的な価値を生まないのである。

古いルールの社会は、人を、資本を持っているかどうかで差別した。新しいルールのゲームは、そうした不当な差別を取り払う可能性を持つ一方で、別の差別のルールを持ち込む。すなわち、その人自身が持つ能力に応じた差別は、そこでは正当化されるのである。むろん、人間の能力を他者が正当に評価することなど不可能だと批判することもできよう。だが、私たちが、他者と平等になることではなく、他者よりも優れていると評価されたいと望む生き物である限り、人は必ず自分をより高く評価するルールに賛成する。そしていま突きつけられている要求とは、まさにそうしたルールの書き換えなのである。

†セキュリティ社会で遺棄される生

新しいルールの下で起こるもうひとつの現象は、運命共同体としての国家の後景化である。それはまず、再分配機構としての国家の機能不全という形で生じる。再分配とは、「われわれ」という意識を持つ運命共同体が生きていくための仕組みだが、内部のメンバー構成が複雑化し、にもかかわらずその中で分配される側に回る層が固定化され、明確化されてくれば、彼らを支えるための予算を税として徴収される人々の間に「なぜ自分たちが彼らを養わなければならないのか」という不満が生じる。実際、アメリカで福祉予算の切り詰めを推し進めたのは、こうしたメンバー構成の複雑化と、福祉対象の固定化から生じた不満だった[57]。

生産の情報化とそのグローバルな広がりは、再分配の財源となるべき高収入を得ているシンボリック・アナリストたちを、「われわれ」という船から解き放っていく。日本に生まれたのだから、私の収入から日本に貢献する税を徴収してほしいと望むかどうかは、新卒で就職した会社に生涯滅私奉公するかどうかと同じくらい、もはや自明な選択とは言えない。国家の側は、フロリダが主張するように、シンボリック・アナリストたちにできる限り長く居着いてもらうための工夫を凝らす必要がある。それはたとえば税率であり、才能のある人々が集まりたいと思うような都市作りであったりする。コイルにせよフロリダにせよ、新しいルールの下で政府が果たすべき役割について強調しているが、それは私たちがかつて期待できていたような「安定」を、国家が守るということではないのである。

さらに困ったことに、それだけでは問題は解決しない。というのも、世界中から集まってきたシンボリック・アナリストたちと、彼らに対する対人サービスを提供することで生きている人たちの間には、大きな隔たりがあるからだ。それは文化の違いであり、収入の格差であり、エリートたちの人脈に入れるかどうかという問題である。

人脈を求めて集まってくるシンボリック・アナリストと、彼らに収入のあてを期待する対人サービス業従事者の間が、現実として分断されている場合、後者の間に生じるのは、強い「相対的剝奪」の感覚（他者と比較して感じられる不遇感）であろう。犯罪社会学者のジョック・ヤングは、ロバート・マートンの「手段のアノミー」という概念を援用しながら、そうした状況で後者の人々が犯罪に手を染めやすくなる理由を分析している。[58] 彼によれば、明確な成功のイメージは目の前にあるのに、それにアクセスする手段が得られないとき、人はどんなことをしてでもその地位に上り詰めようとするという。

図1—6　新しいルールに基づく分断

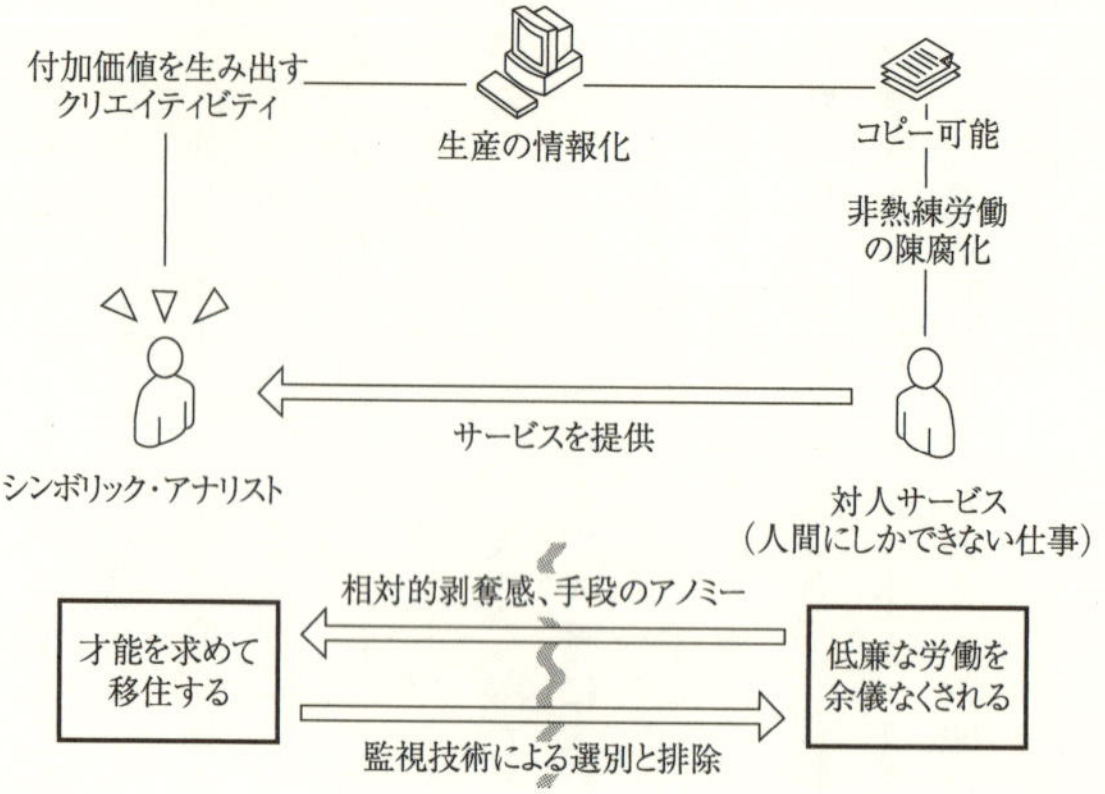

シンボリック・アナリストたちが集まるエリート都市と、そのすぐそばにあるゲットーという都市空間との分断は、都市を強固なセキュリティ空間へと編成する。その根拠となるのは、公共セクターによる治安維持ではなく、ある場所で生活している人々が自主的に購入した追加サービスによって維持される「安心の空間」への要求である。そこではいわば、公共圏が有料化されることで、選別のシステムが働いているのである。[59]

もっとも重要なのは、私たちの多くは、排除される側ではなく、排除する側にも回るということだ。少なくとも、ある場所から排除されながらも、よりリスクの高い対象を排除しようとする傾向は、都市セキュリティに関して既に生じている。ジグムント・バウマンは、そもそも近代という時代が、無駄なものを消費しては廃棄するという性質を持っていたが、グローバル化とともに世界中にそうした傾向が拡大した結果、もはや「捨て場所」がなくなり、「ここ」こそが不要な生を遺棄する場所になっていると論じる。[60] それ単体のコンセプトとしては、これまでチャンスを得られなかった人に勝負の機会を与える新しいルールは、別のシステムと組み合わせられたとき、以前よりはるかに強固に、「あちら」と「こちら」を分断していくかもしれないのだ。

ここまで説明してきたことをチャートにしたのが図1―6である。

†不断の自己啓発と宿命による正当化

さて、チャンスは与えられた、しかし結果として分断されてしまった、という環境を生きる人々の間では、どのような心理が働くだろうか。おそらく、シンボリック・アナリストとして成功した人の場合、自らが成功した理由は、偶然や他者の手助けだけではなく、それを選び取ってきた自らの「努力」に、もっとも求められるようになるだろう。言い換えれば、創意工夫を凝らしながら自らの能力を市場化することにためらいなく突き進める人々は、かつての成功体験にこだわるあまり、それが今後も持続するようにと、不断の自己啓発へと誘われることになるのである。

他方で、同じ方向を目指しながら成功できなかった人はどうか。なぜ自分はいま、現在の境遇にあるのかと問われて、正確にその理由を答えられる人間はいない。あそこで間違ったのかもしれない、あのときああしていれば、とどれだけ考えても、その先に今より素晴らしい未来が待っていたかどうかは確認しようがないからだ。結局のところこうした人々は、「ルールが間違っていた」あるいは「自分の能力がその程度だった」のいずれかを選ぶことになる。前者は「正しいルール」を求めて、誰もが正規雇用で安定できるようにすべきだと考えたり、雇用を流動化する制度改革を要求したりすることに、後者は、自分がこうなるのは、宿命でしかなかったのだという諦念へと繋がる。

むろん、宿命に甘んじられるほど、多くの人は強くはない。自らの現在の地位を宿命だと認知した人は、次に、そんな自分のままでも認めてくれる場所を探すようになるだろう。つまり「自分探し」だ。この場合の自分探しとは、「誰にも左右されない本当の自分」であると同時に、自分という存在をそのままに認めてくれる居場所探しでもある。土井隆義は、現代の若者たちの自己承認の感覚が、携帯電話などを通じて「いつでも切り替え可能」であるにもかかわらず、「依存性が強い」ことを指摘している。[61] そこで生じているのは、「誰かに認めてもらう」ことを「自分で選ぶ」という奇妙な振る舞いだ。要するに彼らは、自分らしい自分、と自己認知されている事柄（「ありのままの自分」）への承認を、積極的に他者に求めているのである。

実は速水健朗も指摘しているとおり、対人サービス業では、こうした自分探しの傾向を効率的な業務遂行に利用するシステムを取り入れる現場が増えている。[62]自らの仕事は、他者に奉仕する「よろこび」を得られるものであり、それはどんなお金にも換えがたいものである、という感情を喚起するように、従業員の育成プログラムが組まれることで、経営者は金銭で対価を払えないことの埋め合わせができるし、従業員はそこに「こんな自分でも認めてくれる場所があった」という承認感覚を得ることができる。

本田由紀は、こうした職場における擬似的な埋め合わせ関係を「やりがいの搾取」と呼んで批判する。[63]むろん、文字通りの搾取と呼ぶべき非対称な関係を正当化する道具としても、それは用いうるだろう。だが、そもそもどうして自分が承認された程度で、金銭的な手当ての埋め合わせになるのかという点まで含み込んで考えれば、事態はより複雑だ。多くの経営理論が、もはやカネだけでは従業員はつなぎ止められないということを指摘している。やりがいの搾取が問題だとしても、やりがいすら与えられないようでは、自分探しの果てに居場所を見いだそうとしている人々の安住の地とはならないのである。

それは、自己啓発によって「この地位は自分の努力で獲得したのだ」と思いこもうとしている人々についても同様である。両者は、働くということ、他者から評価されるという

図1―7　自己正当化のふたつのロジック

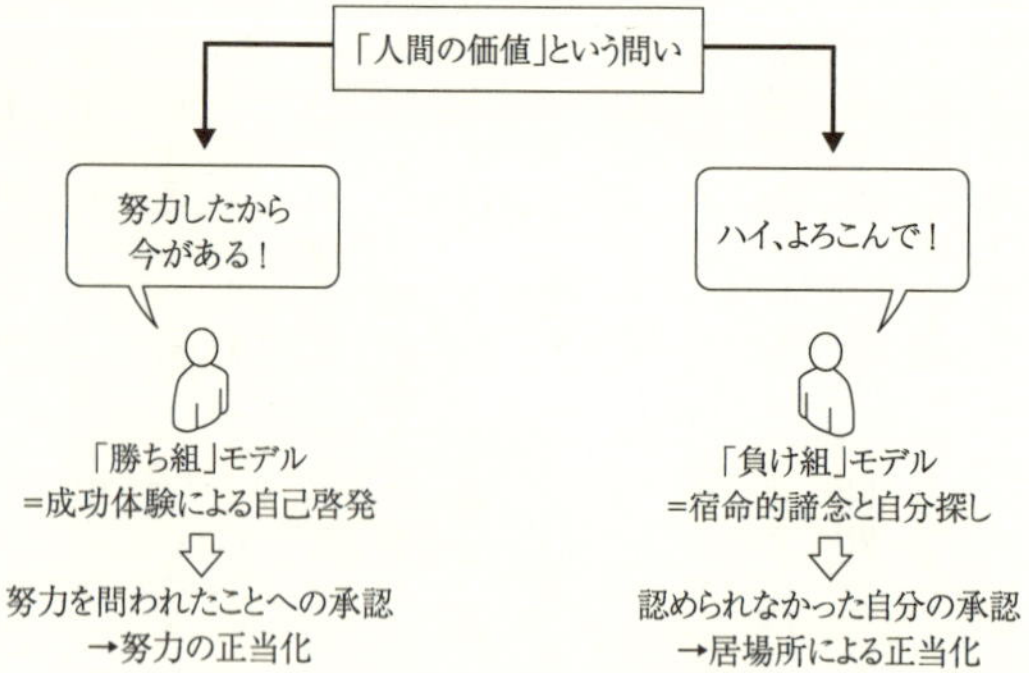

ことが、名刺の肩書きや職位によってではなく、その人個人の能力に依拠したものになるという新しいルールの下で、彼らが自分自身を正当化しようとする際に否応なしに生じる現象の裏と表である（図1―7）。なぜならそもそも、そこで問われているのは「人間」なのであって、古いルールのように「命令通り動くロボットとして働けるか」ということが問われているのではないからだ。

若者たちの中に併存する二つの願望、すなわち「古いルールを適応してくれ」と「新しいルールに書き換えろ」という矛盾した要求は、まさに彼ら自身が「人間としての価値」を問われる状況に直面したときに、同時に生じるものである。成功した場合には、それは自己の努力に還元され、自己啓発の材料になる。失敗した場合には「やはり古いルールの方がよかったのだ」または「こんな自分でも認めてくれる場所があるはずだ」という宿命的な諦念が呼び出される。彼らの主張の表面だけをくみ取り、そのどちらかの道しかあり得ないと考えているうちは、ラディカルな改革か、過去への反動かという二者択一を超えることはできない。

彼らにとってもっとも望ましい環境について考察することは、点としての現在を見ているだけでは材料不足である。既に見てきたとおり、地殻変動は七〇年代から八〇年代にかけて生じていたのであり、またそのイデオロギー的な側面も、十分に検討されてはいないからだ。そこで次の章では、ルールの書き換えを要求する運動のいち形式としての「既得権批判」について、過去のいくつかの場面を振り返りながら見ていく。そこで大きな軸を形成しているのは、本章と同じく「情報化」であるということが、次章で明らかにしたい論点である。

註

1　いわゆる郵政解散における自民党の声明では、以下のように述べられている。
「郵政民営化は、あらゆる改革につながる『改革の本丸』です。小さな政府を実現し、民間主導の社会を築く道へと確実につながり、財政再建にもプラスです。一方、これに反対することは、大きな政府、役人天国の存続をこのまま許す選択に他なりません。
改革は国民との約束です。自由民主党は、『改革なくして日本の明日はない』との固い決意で、公務員労組の既得権を守ろうとする野党や抵抗勢力に勝利し、真に国民のための改革を全力で成し遂げます。」(http://www.jimin.jp/jimin/hatsugen/hatsugen-151.html)
2　松原聡『既得権の構造――「政・官・民」のスクラムは崩せるか』PHP新書、二〇〇〇年、一一四―一一五頁。
3　城繁幸『若者はなぜ3年で辞めるのか?――年功序列が奪う日本の未来』光文社新書、二〇〇六年、一一二頁。
4　水月昭道『高学歴ワーキングプア――「フリーター生産工場」としての大学院』光文社新書、二〇〇七年、五―六頁。
5　高卒ではこれより厳しい状況だが、この間に大学進学率が一〇ポイント以上上昇していることを考慮に入れる必要がある。
6　朝日新聞「ロストジェネレーション」取材班『ロストジェネレーション――さまよう二〇〇〇万人』朝日新聞社。
7　厚生労働省は平成二十年版『労働白書』において、企業が近年導入してきた「成果主義型賃金」が、人件費の削減という目的を伴っていたこと、労働者の満足度を低下させたことを批判し、長期雇用慣行の価値の見直しを提言している。
8　城繁幸『3年で辞めた若者はどこへ行ったのか――アウトサイダーの時代』ちくま新書、二〇〇八年、二三四―二三五頁。
9　前掲書、一七四頁。
10　前掲書、二二六頁。

11 内田樹「善意の格差論のもたらす害について」『神奈川大学評論』第五八号、二〇〇七年、三〇—三九頁。
12 雨宮処凛「ドキュメント雨宮革命　第六回『世代間闘争』問題」『創』二〇〇八年四月号、創出版。
13 近藤瑠漫、谷崎晃編著『ネット右翼とサブカル民主主義——マイデモクラシー症候群』三一書房、二〇〇七年、一六二頁。
14 東浩紀・北田暁大編『思想地図　Vol.1』NHKブックス、二〇〇八年、二六二—二六三頁。
15 近藤、谷崎前掲書、四—六頁。
16 前掲書、二一三—二一四頁。
17 マエキタミヤコ「ホワイトバンド批判から考えるNGOのコミュニケーションギャップ」『日経エコロミー』二〇〇七年九月七日記事（http://eco.nikkei.co.jp/column/maekita_miyako/article.aspx?id=MMECc003007092007）。
18 ウェブページ「ホワイトバンドの問題点」（http://www.wikihouse.com/whiteband/index.php?FrontPage）などを参照。
19 近藤、谷崎前掲書、二四五—二四七頁。
20 西部邁・小林よしのり『反米という作法』小学館、二〇〇二年。
21 小熊英二『〈民主〉と〈愛国〉』新曜社、二〇〇二年。
22 小林よしのり「ゴー宣・暫」『SAPIO』二〇〇七年四月十一日号、小学館。
23 品川正治「私は御手洗ビジョンを認めない」『月刊現代』二〇〇七年四月号、講談社。

24　姜尚中『愛国の作法』朝日新書、二〇〇六年。
25　山口二郎、佐藤優「なぜ安倍政権はメルトダウンしたか――露呈した権力中枢の空白」『世界』二〇〇七年一一月号、岩波書店。
26　「ピーク過ぎたネット右翼」朝日新聞二〇〇六年五月一九日掲載記事。
27　高原基彰『不安型ナショナリズムの時代――日韓中のネット世代が憎みあう本当の理由』洋泉社新書y、二〇〇六年。
28　村上泰亮『新中間大衆の時代』中央公論社、一九八四年。
29　佐藤俊樹『不平等社会日本――さよなら総中流』中公新書、二〇〇〇年。
30　村上前掲書、二四三―二四四頁。
31　武川正吾『連帯と承認』東京大学出版会、二〇〇七年。
32　村上前掲書、二四六頁。
33　このことは同時に、一九九〇年衆院選における社会党の追い風となった争点が「消費税」という、多くの国民にとって負担増を意味する政策であったことの説明にもなる。
34　佐々木毅は、クリントン政権の労働長官、R・B・ライシュとG・ギルダーの論争を以下のように紹介している。「〔引用者註：レーガノミクスに対する策として〕民主党の一部（中略）を中心により積極的な経済政策の提唱が出てきた。いわゆる産業政策（industrial policy）がそれであり、R・B・ライシュ（クリントン政権の労働長官）の『アメリカのネクスト・フロンティア』（一九八一年）はこれまでのアメリカの産業のあり方を批判し（中略）政府と企業、労働組合の三者協議会のイニシャティブ（産業政策）によって産業構造自体を転換すべきことを説く。

〔それを批判する〕「左翼のサプライサイド・エコノミックス」と題するギルダーの論文は（中略）産業政策だけを切り離して論ずることの限界を指摘している。ギルダーによれば、ヨーロッパと全く逆の状況を示すのが日本である。日本は税率が最も低く、福祉扶助の額は最も少なく、政府の財政規模が最も小さかった反面、その貯蓄と資本の形成は他国を圧倒的に凌駕し、アメリカと比較して人口数との関係で七倍も多い中小企業をかかえ込んでいる。（中略）ライシュはこうした日本の経済発展を通産省を中心とした産業政策の成果であるとしているが、ギルダーによればむしろその原因は税率の低さ、低福祉、「小さな政府」といった条件にある。実際、五〇年代中葉の通産省のリーダーが何よりも熱心に主張したのは減税であり、これこそが日本の貯蓄と企業家精神の覚醒にとって決定的意味を持った。（中略）このようにしてギルダーは日本をサプライサイド・エコノミックスのモデル・ケースと解釈し、減税その他に培われた産業基盤こそが成長の源泉であるとし、ライシュ流の産業政策は決してそれに代りうるものでないことをヨーロッパの例によって示したのである」（佐々木毅『現代アメリカの保守主義』岩波書店同時代ライブラリー、一九九三年、一六九―一七二頁）。

35　三浦展『「家族」と「幸福」の戦後史』講談社現代新書、一九九九年。
36　一方でこれは「不払い労働」である主婦労働に対する保障であるとも言えるが、専業主婦を家庭に囲い込む方策としても機能する。
37　田端博邦『グローバリゼーションと労働世界の変容』旬報社、二〇〇七年。
38　小池和男「QCサークル活動を支える条件」『日本的労使関係の光と陰』日本評論社、一九八二年。

39 神代和欣『日本の労使関係』有斐閣選書、一九八三年。

40 竹内洋『日本のメリトクラシー』東京大学出版会、一九九五年。

41 竹内洋『立志・苦学・出世』講談社現代新書、一九九一年。

42 茜三郎・柴田弘美『全共闘』河出書房新社、二〇〇三年、竹内洋『教養主義の没落――変わりゆくエリート学生文化』中公新書、二〇〇三年。

43 佐藤前掲書、七二―一〇三頁。

44 ただし、こうした前提の変化と、実際の変化との間には幾分のズレがあることには注意しなければならない。内閣府が行っている「男女共同参画社会に関する世論調査」では、「夫は外で働き、妻は家庭を守るべきである」という考え方について、「反対」「どちらかといえば反対」を合わせた率が、二〇〇七年に初めて五〇パーセントを超えたが、逆を言えばその程度である（ちなみに一九九二年の時点では三四パーセント）。前提が変化するとは、働くことを選んでもいいが、別に専業主婦を望んでもいい、ということなので、専業主婦になりたいと思う人が多いかどうかということとは別個に考えるべき指標なのだが、実際に働く女性が増えることでしか、その前提が有効かどうかは確認しようがない。

45 上野千鶴子『〈私〉探しゲーム』ちくま学芸文庫、一九九二年。

46 内田隆三『国土論』筑摩書房、二〇〇二年、三三三頁。

47 太郎丸博と亀山俊朗は、ワークシェアリングに対して労働組合が反対した理由に、養育費と住宅費があったことを踏まえつつ、その負担が先進国の中では比較的高水準であることをも指摘している。太郎丸博編『フリーターとニートの社会学』世界思想社、二〇〇六年、一九三頁。

48 国土交通省の資料による（http://www.kokudokeikaku.go.jp/share/doc_pdf/3815.pdf）。
49 丸田一『地域情報化の最前線』岩波書店、二〇〇四年。
50 岩田正美『現代の貧困――ワーキングプア／ホームレス／生活保護』ちくま新書、二〇〇七年。
51 リチャード・フロリダ『クリエイティブ・クラスの世紀』ダイヤモンド社、二〇〇七年、三六頁。
52 前掲書、四二頁。
53 本田由紀『多元化する「能力」と日本社会』NTT出版、二〇〇五年、四八―五〇頁。ただし、こうした変化をもって、二〇〇〇年代以降の日本が「フォーディズム」から「ポストフォーディズム」の体制に移行したことの証左とする、という議論には賛成できない。というのも既に見たとおり、日本においては以前から職場における労働者の自発的な改善活動や、感性的なサービス産業が存在していたからだ。生産システムの体制変動として語られている出来事の多くは、これまで「カイシャ」や「ジェンダー」の問題として論じられていた現象が、世代や性差、地位と非関連に観察されるようになったことの結果にすぎない。
54 ダイアン・コイル『脱物質化社会』東洋経済新報社、二〇〇一年。
55 ロバート・B・ライシュ『ザ・ワーク・オブ・ネーションズ』ダイヤモンド社、一九九一年。
56 コイル前掲書、二八〇頁。
57 金子勝『反経済学――市場主義的リベラリズムの限界』新書館、一九九九年、一一〇―一一一頁。
58 ジョック・ヤング『排除型社会』洛北出版、二〇〇七年。
59 鈴木謙介『〈反転〉するグローバリゼーション』NTT出版、二〇〇七年。
60 ジグムント・バウマン『廃棄された生』昭和堂、二〇〇七年。

61　土井隆義『友だち地獄――「空気を読む」世代のサバイバル』ちくま新書、二〇〇八年、一七二頁。
62　速水健朗『自分探しが止まらない』ソフトバンク新書、二〇〇八年。
63　本田由紀『軋む社会――教育・仕事・若者の現在』双風舎、二〇〇八年、八二―一〇三頁。

第二章

インターネットと反権威主義

1 改革の末路

†「ネットの敵は既得権だ」

我々は選挙によって選ばれた政府を持ったことも、持とうと思ったこともない。したがって私は、自由そのものが常に語るもの以上には優れた権威を持たずに、お前達に語りかける。我々が打ち立てつつあるグローバルな社会空間は、お前達が我々に押しつけようと目論んでいる専制政治からは本来的に独立していると、私は宣言する。お前達は我々を規制するいかなる道徳的権利も持っていないし、我々が恐れるに足るいかなる強制手段も持ち合わせていないのである。[1]

これは、ジョン・バーロウが一九九六年に出した「サイバースペース独立宣言」の一節である。この宣言がなされた背景にあるのは、米国でネット上のわいせつなコンテンツを規制する通信品位法（ＣＤＡ）が成立したことだった。実は、この宣言で本当に重要なのはこの文言の後に出てくる、サイバースペースには人間の肉体が存在せず、自主的な活動によって編み上げられたモラルがあるのだから、身体を規制することによって秩序を形成する現実空間の法はそこに介入することができないと主張しているところだ。だがあえて私が冒頭の一節を引用したのは、それがまさにネットを、現実の権威から切り離された、したがってそうした権威を否定する場所として定義しているからだ。

この頃からずっと、インターネットをめぐる言説には「反権威」という性格がついて回っている。だが、変化した部分もある。バーロウがサイバースペースの「独立」を宣言し、現実世界との相互不干渉（「俺たちのことは放っておいてくれ」）を原則としているのに対し、近年の議論は、むしろネットから生まれたルールが現実を変革するのであって、現実の方がネットに合わせていくべきだという立場を採りがちだからだ。

たとえばジャーナリストの佐々木俊尚は、これまでの日本人が共有していた〈われわれ〉という感覚が、マスコミによって作られてきたことを指摘した上で、ブログはそれと異なった世界であることを、次のような表現で指摘している。

ブログが日本のマスメディアと決定的に異なるのは、ブログは〈われわれ〉という仮想の世界に拠って立っていないということだ。（中略）だから当初から、ブログ空間は身も蓋もなく圧倒的な本音の世界を現出させることができた。（中略）そしてこのような乾いた空気を持ったインターネットの空間は、いまやさまざまな局面で、旧来の日本の枠組みを劇的に組み替えようとしている。（中略）ここに来て多くの人たちは、その潮流が知らず知らずのうちに日本社会の足元を洗いはじめ、時には古い身体を押し潰し、世界を洗い流そうとしていることに気づきはじめている。[2]

ここで述べられているのは、ブログの言説が、タテマエとしての〈われわれ〉に依拠せずに、一人の個人の立場から発せられるものであるということだ。しかしここでも、行きがけの駄賃のように「マスメディア」という名の権威が否定される。

マスメディア批判と近い部分で、著作権規制強化に対する批判も存在する。池田信夫は、著作権の保護体制を強化しても、クリエイターにその恩恵がもたらされないことを、以下のように指摘している。

私は、かつてテレビ局で番組を発注・契約する立場にいたこともあるし、フリーで番組制作を請け負ったこともある。その経験からいうと、日本のコンテンツ産業の最大の問題は、著作物の利益が法的に保障されないことではなく、それが仲介業者に搾

> 取され、クリエイターに還元されないことである。クリエイターの大部分は、フリーターとして低賃金・長時間労働で酷使されている。著作権の強化は、彼らにとっては意味がない。もともと権利は企業側に取られるしくみになっているからだ。（中略）グーグル／ユーチューブのようなプラットフォームでビデオが流通するようになれば、日本のコンテンツ産業の構造も変わり、クリエイターに利益が還元されるようになる可能性がある。これに対して著作権の保護を口実にしてIP放送を妨害し、P2Pを犯罪に仕立てようとする仲介業者は、クリエイターの利益を守ると称して、仲介のボトルネック独占を守っているのである。コンテンツ産業を活性化するために必要なのは、著作権（という名の既得権）をこれ以上強化することではなく、競争政策を厳格に運用してこうした古い仲介業者を解体することだろう。[3]

ここでも、「古い利益構造にこだわる仲介業者」と「自由に情報が流通するインターネット」とは対比的に描かれ、後者の持つポテンシャルの発揮を阻害する既得権として、前者が批判の対象になっている。佐々木や池田の議論から見えてくるのは、ネット上で行われているコミュニケーションや情報流通の仕組みは、仕組みとして古い体制を作り替え、否定していく力を持っているということだ。この種の「ネットが旧体制を否定する」論は、それこそブログや掲示板などの投稿には、まま見られるものである。

むろん、それらの議論はおのおの別個の課題を持っているし、首肯できる部分もそうでない部分もある。ここに挙げた議論で言えば、私は、マスメディアの権威的な取材・報道体制は変えていくべきだと思うし、映像コンテンツ制作の過程で下請けの現場に落ちる制作費が当初の一〇分の一になるといった中間搾取構造は早急に改善すべきだと思う。だがそのことと、ネットから生まれた新しい価値観が世界を刷新していくという話は、別の問題であるはずだ。もちろんそういうシナリオもあっていい。だが現実的に考えて、長い間続いてきた体制が、新しい価値観に基づく体制に一気に切り替わるなどということが起こるということはあり得ないだろう。

佐々木も池田もそのくらいのことは織り込み済みなのだが、私がここで彼らの議論に注目したのは、ネットで社会が変化するかしないかといったことではなく、その論理構造に共通点があるからだ。つまり、既存のメディア・システム＝旧体制の既得権、ネット＝新体制という対立図式を前提とし、前者は後者を阻害するが、最終的には後者が前者を駆逐するというのである。そこには前章で見た「あいつらが既得権に居座っているから、本来ならば自分たちに与えられるべき権利と利益が与えられない」という既得権批判と同様の構図が存在していると言えよう。

ロストジェネレーションの場合、そこでは正社員の座にある年長世代が批判の対象になっていたが、インターネットの世界においては、「情報」の流通を司る様々なアクターが批判の矛先に代入される。マスメディアはその代表だが、作家、評論家、学者、タレントなど、知識産業の「送り手」も、彼らの振るまいがその地位にふさわしくないものであると判定された場合、似たようなロジックで「炎上」する。

繰り返すが、私はそれらの批判が正しいか間違っているかといったことを論じたいのではない。正しいものも間違っているものもあるだろう。だが、なぜインターネットにおいても、こうした「既得権批判」すなわち「本来持っているべきではないものを持っている奴らを批判する」という言説が現れるのだろうか。

†韓国ネチズンの「勝利」

インターネットが持つ「反権威」的な性格の源泉を明らかにするのがこの章の目的なのだが、そのための補助線として、ひとつ取り上げたい事例がある。それは二〇〇〇年代の前半に韓国で起きた、盧武鉉《ノ・ムヒョン》・前韓国大統領をめぐる一連のネット運動である。

周知の通り盧武鉉は、二〇〇二年の大統領選挙の際にインターネットでの当選運動が実を結んで政権の座に就いたのだった。「ネチズン」と呼ばれる韓国のネットユーザーたちは、盧武鉉の支援ウェブサイトを立ち上げ、あるいは投票を呼びかけることで、当初劣勢だった盧武鉉を大統領にすることができた。それは、開発独裁から軍事政権を経てようやく実現した民主主義の時代において初めて「国民が自分の意思で直接選んだ大統領」という意義を持って受け止められ、韓国民主運動の大きな「勝利」と呼ばれたのだった。

そもそも、なぜインターネットが大統領を生む力を持つことができたのか。そこには世代的な要因、時代的な要因、社会的な要因の三つを挙げることができる。まず世代的要因。盧武鉉を主に支持したのは、「三八六世代」と呼ばれる、九〇年代に三〇代で、八〇年代に学生だった六〇年代生まれの世代だ。彼らは八〇年代には民主化運動や学生運動の主たる担い手であり、九〇年代から二〇〇〇年代にかけては、ネット上の言論活動の中心になっていった。彼らの特徴は、八〇年の光州事件をきっかけに生じた反米感情を、独裁政権批判に重ね合わせていることと、それゆえ強い愛国感情を有しているということだ。

時代的な要因としては、彼らのライフコースと、情報通信環境の普及が並行したという点が重要であろう。民主化運動の高まりもあって、一九八七年の大統領選挙において、韓国は初めて民主的な政権選択の機会を得ることになるのだが、そこで政権の座に就いたのは、かつて全斗煥《チョン・ドファン》とともに軍事クーデターを指揮した盧泰愚《ノ・テウ》だった。それは一方で、民主化運動の重要な帰結として認知されると同時に、運動の当事者たちにとってはわだかまりの残る結果となった。以後彼らは、合法的な言論による政治闘争の手段を求めていくことになる。

私が二〇〇四年にインタビューした、ある老舗ニュースサイトの代表は、こうしたタイミングでパソコン通信が普及し始めたことが重要だったと述べている。すなわち、パソコン通信での討議を通じて、オンラインでの政治的議論や政治運動のためのノウハウが、この段階から既に蓄積されていたというのだ。

その後、九〇年代を通じて韓国では急速な情報化が進み、インターネットの常時接続環境も早くから整った「ネット先進国」へと成長していった。その過程で三八六世代を刺激する複数の問題が、ネットの繋がりの中で可視化されてくる。それは具体的には、韓国社会を牛耳る「既得権益者」であったマスコミへの批判となって現出した。その重要な論点となったのが、地域主義、反共イデオロギー、言論統制である。

エリートがソウル出身者、ソウル大学卒業者に偏る傾向の強い韓国では、地域主義はそれ自体が閉鎖的なエリートの再生産装置である。自身も三八六世代である玄武岩《ヒョン・ムアン》は、「韓国社会における主流とは、学縁、地縁、血縁という三つの構造からなる既得権層の総体である」と指摘する。[4] また彼らにとって「反共」すなわち北朝鮮に対する厳しい態度は、反共そのものより、それを使って社会の統制を強めようとする政権と、その背後にいるアメリカの意向を反映したものだった。反米感情の強い彼らにとって、「反・反共」であることも重要な立場性の表明であった。[5]

そして何より重要なのは、そうしたエリートやイデオロギーを再生産・強化し、それ以外の言論や立場の有り様を封鎖していたのが、権力と癒着し、後には権力そのものとなったマスメディアだった。俗に「東中朝」と呼ばれる三大紙（東亜日報、中央日報、朝鮮日報）は、政権に都合のいい情報ばかりを報じることで権益を拡大し、民主化以後も「言論の自由」を盾に、オルタナティブな言論を認めてこなかった。特に反米や反エリート的な主張は、取り上げられる機会がほとんどなかった。

ネットで繋がった三八六世代は、こうした地域の差、メディアの情報の貧困を埋め合わせるべく、自らの力でメディアを立ち上げることになる。それが盧武鉉政権誕生の最大の牽引役となったと言われた「オーマイニュース」をはじめとする、オンラインのニュースサイト群だ。インターネットという手段は、ここまで述べてきたような、反地域主義・反エリート主義・マスメディア不信といった要素を引き受け、解決するのにもっとも適したメディアだったと言えよう。これが、三点目の社会的要因である。

むろん、盧武鉉を後押しした要因はそれだけではない。二〇〇二年のワールドカップと、在韓米軍車両による女子中学生轢死事件がきっかけとなった、全国的なナショナリズム、反米感情の高まりや、そうした感情の高ぶりが、スタジアムやネットで可視化されたことに対する新鮮な驚きもあっただろう。ともあれ、ネットが大統領を生んだという点に関する限り、そこには以上のような背景を見ることができるのである。

†盧武鉉批判の噴出と若年層の不満

ここまで述べてきたような「ネットと政治」に対する見方、あえて言ってしまえば「三八六史観」とでも呼ぶべきものは、しかしながら近年、別の角度からの評価の対象になっている。それは二〇〇〇年代後半、盧武鉉に対する評価が劇的に悪くなっていく過程で立ち上がってきたものだった。

彼の評価を決定的に下げたのは、特に外交面で目立った度重なる失言だが、本書の文脈からは、規制緩和による地価高騰と、非正規雇用の増大による格差拡大に対する批判が重要である。象徴的だったのは、二〇〇六年秋、左派陣営の代表的な政治学者である崔章集《チェ・ジャンジプ》が火付け役となった「進歩論争」だ。崔は、盧の度重なる政策的失敗に対して「事実上、国民の弾劾を受けた」と批判、対する盧もウェブサイトで長文の反論文を掲載するなど、多くの研究者を巻き込んでの大論争となったのだった。[6]

興味深いのは、この論争の過程で九八年に大統領に就任した金大中《キム・デジュン》から盧武鉉に至る左派政権が進めた一連の改革を「新自由主義」的なものとして位置づけるべきかどうかが問題になったことだ。本来なら、労働者寄り、反財閥的であるはずの左派政権で進められた一連の改革が、結果的に国民に痛みをもたらしたことをどう理解すればいいのかという戸惑いが、そこには現れている。

そんな中、盧武鉉政権末期の二〇〇七年後半に話題になったのが、『八八万ウォン世代』という本だった。[7] 八八万ウォン世代とは、非正規雇用に従事する二〇代を指す用語で、著者たちによれば、いまや韓国電力やサムスンといった安定した企業に正社員として勤めることができるのは、上位の五パーセントのみで、残りの九五パーセントは不安定な就労環境で、月収八八万ウォン(約一一万円)の生活に甘んじなければならなくなっているという。著者たちの批判の対象は、学生運動に身を投じる一方でろくに勉強もせず、市民運動団体や企業の正社員に居場所を確保した三八六世代である。彼らにとっては、日本の若者が団塊世代をそう呼ぶのと同じ意味で、「三八六世代=既得権者」なのである。

著者たちの主張にはいくぶんの誇張もあるだろう。だが、現在の韓国が巻き込まれている状況を「蟻地獄」と呼び、女性や若者といった、相対的に弱い人々から犠牲になっていく社会なのだと述べる『八八万ウォン世代』には、若年層のある種のリアリティが強くにじみ出ていると言っていい。そこでは、改革の痛みと同時に、三八六世代が既得権の座に

図表2—1　日韓の若年失業

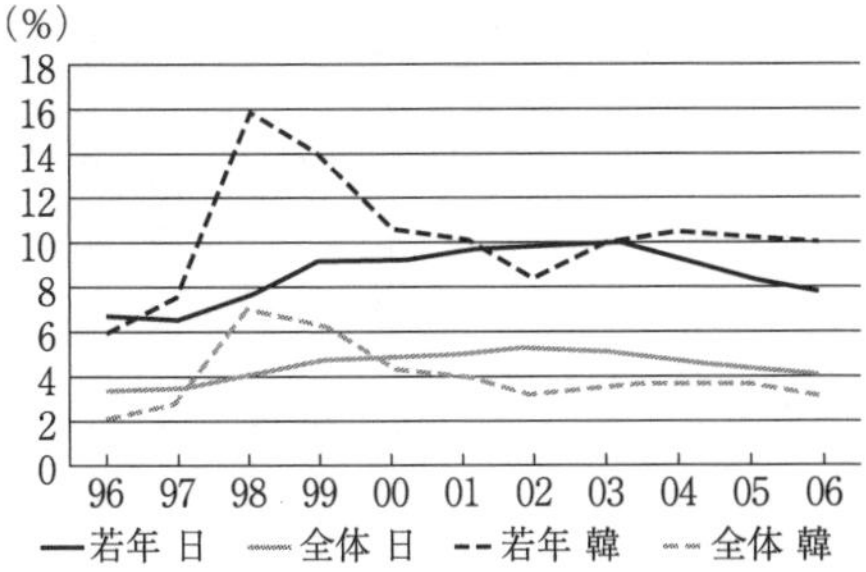

出典：OECD Labor Force Statistics

居座ったことによって、改革が不徹底に終わってしまったこともやり玉に挙げられている。「本来ならば、それは自分たちのものだったはずだ」という思いは、ここにも見いだすことができるのである。

　しかし、なぜ二〇代だけがこんなにも厳しい環境に置かれているのだろうか。その背景には、深刻化する韓国の若年失業の問題がある。図表2—1は、日本と韓国における若年層（一五～二四歳）の失業率を、それぞれの国の全体の失業率と比較したものである。これを見ると、韓国の若年の失業率は九七年の通貨危機（いわゆる「IMF事態」）の後で急激に上昇し、それから回復傾向にあるものの、依然として全体の失業率から六ポイントほど高い水準を推移している。

　この失業率の推移の背景にあるのは何か。まず二〇〇〇年代に入って失業率が一度低下したのは、政府による雇用対策や為替レートの変動による製造業の雇用回復のほか、労働人口が全体的に若く、進学や徴兵などで労働市場から退出する余地が大きかったこと、そして政府の援助によってＩＴを中心とするベンチャー企業が数多く生まれ、若者の雇用を吸収したことによる。[8]

しかしながら、これらのベンチャーもその多くが成功するには至らず、現在では起業ブームもひと段落している状態であるという。その上、九八年の労働基準法改正、整理解雇法制の導入により、若年層の雇用が流動化しやすい状況が生まれた。韓国ではもともと非正規雇用の割合が四〜五割と非常に高かったのだが、労組の力が強く、既存の正社員の雇用保護が強く主張されたため、新規採用ではなく非正規雇用へのアウトソーシングが進んだのである。[9]

労働者全体がそうした状態に陥る中、三八六世代のように運動に参加してそこに居場所（と職）を見つけることも、ベンチャーを起業することもかなわなかった二〇代は、『八八万ウォン世代』の著者たちの言葉を借りれば「最終列車」に乗り遅れてしまったという感覚を強くしている。言い換えれば、最終列車に滑り込むことができ、そのまま逃げ切ることができそうな「奴ら」こそ、いまや既得権の椅子にしがみついている連中だ、と彼らの目には映じているのである。

†大統領選挙をめぐる意識の差

左派の期待を一身に背負って誕生した政権が、退陣する頃には格差の元凶、既得権層として批判され、新たな世代対立の火種となる。こうした状況で韓国は、〇七年の大統領選挙において、財界出身の李明博《イ・ミョンバク》を次期大統領に選んだ。彼を後押ししたのは、建設会社経営を通じて発揮されたプラグマティックな手法への期待と、開発主義時代の経済成長へのノスタルジーを呼び起こす「大運河開発」のような壮大なビジョンだった。

ネットの市民運動が大統領を生んだ、と騒がれてから五年。九七年の金大中政権から一〇年という時を経て、再び右派政権へと移行した韓国では、前回の大統領選挙、そしてネット上での政治運動はどのように捉えられているのか。そうした点を確かめるため、私たちのグループは〇八年一月に、ソウルで複数の関係者へのインタビュー調査を行った。その中で明らかになってきたのは、民主化運動の中心にいた三八六世代と、現在の学生の世代との意識のギャップである。

特筆すべきは、学生たちにとって盧武鉉が「格差を招いた元凶」として嫌われているのはもちろん、李明博も決して歓迎されていたわけではないということだ。学生たちに人気があったのは、文国現《ムン・グクヒョン》という、当初は無名の候補だった。

文は、李と同じく企業経営者だが、その企業規模は決して大きくない。ではなぜ学生たちは彼を支持したのか。私たちがインタビューしたある学生は、李明博の言う経済成長が、国民に対して「してあげる」という姿勢であり、旧来の手法を使った動員型の政策を志向しているのに対して、文国現は「人を中心にした」「二一世紀型の実質的な経済成長政策」を掲げていた点に惹かれたと語った。ちなみにこの学生は今回の選挙で、文の選挙活動にも協力している。

彼らの支持の根拠となっているのは、盧武鉉のように既得権を批判するだけでは経済が停滞し、結果的に若年層が割を食うという意識だ。そのため経済成長は大前提として期待されている。しかし同時に彼らにとってもっとも深刻なのは、自分たちの雇用が確保できるかどうかという点に尽きる。その意味で文が魅力的に見えたのは、IMF事態の際に多くの企業が雇用を削減する中、ワークシェアリングによって三〇パーセント以上も雇用を増やしたということが知られていたからだ。

もうひとつ重要なのは、学生たちにとって文国現は、人々が平等に競争に参加できるような社会を作る「新自由主義者」であると認識されているということだ。なぜ「新自由主義」が必要なのか。それは、財閥の家や裕福な人が多い土地に生まれた人が有力大学に集まり、努力もせずに報酬をもらえる状況があるからだ。逆に言えば、そうでない人には、どれだけ努力しても自ずと限界が見えてしまう。彼らにとっての「平等な競争」とは、むしろん単純な競争に人を投げ込むことではなく、スタート地点において不利な人へのケアをした上で、努力に応じた報酬がもらえるような環境のことを指しているのである。

既に見たとおり、こうした反財閥・反地域主義といった要素は、盧武鉉を支持した三八六世代にも共有されていたものだったはずだ。にもかかわらず、学生たちはいまた同じロジックで「より一層の平等」、すなわちよい方向への改革の徹底を求めているのである。

こうした若者たちの態度は、年長世代にはどのように映るのか。盧武鉉当選の立役者といわれ、彼が選挙で勝利した際にどこよりも先にインタビューを受けたことで知られる「オーマイニュース」のある記者にも、今回の選挙について感想を聞いてみた。真っ先に返ってきたのは、今回の政権交代は「八七年体制の終わり」とでも言うべきものだ、という答えだった。「民主化」を最大の目標に掲げてきた韓国の左派は、当初主流派であった右派に対してアンチを突きつけることで、その存在意義を獲得し、九七年に政権を取った。それが一〇年続き、今回、再び政権交代が起きた。八七年体制の終わりとは、民主化は闘争の末に勝ち取ったものであり、多くの犠牲の上に現在は成り立っているのだという「負債意識」の終わりでもある。それは、反右派勢力を一致団結させる力として機能していたが、それはもはや通用しなくなった、というのが、その記者の考えだった。

そうした観点から、では若い世代についてはどう思うか尋ねてみた。彼は、若い世代の意識が急速に変化しているのではないかと答えた。八七年体制に対する負債感覚を持っておらず、必死で勉強しても就職がないという状況の中で、個人の競争力や、経済的な観点で世界を見る傾向が強くなり、経済学科や経営学科の人気が上がるという状況にある。どうやらその記者は、そうした状況が、民主化イデオロギーを存在理由にするこれまでの左派にとっては、逆風になると考えているようだった。

こうした世代間の「民主化」に対する意識ギャップとともに、興味を引かれたのはインターネットについての意見だった。今回の大統領選挙では、選挙期間中にネット上で政治的な発言をする場合には「実名制」が適用され、発言に対する責任が求められる状況が生まれた。選挙期間中のネット活動が許されない日本とは真逆の状況だが、この制度に対して彼は、ネットの世論が極端に流れる傾向があるので、やむを得ないのではないかとの考えを示したのである。さらに、ネットは主張の場にはなりうるが、議論の場にはなり得ないのではないか、とも。

この発言は少なからず私を驚かせた。むろんネットの世論は、ときには激しく炎上するし、韓国内ではネットの誹謗中傷による芸能人の自殺なども報じられているから、ある程度ネットの言論に規制が入るのは仕方がないという感覚は、理解できないものではない。

しかしながらオーマイニュースは、まさに「自由な言論」の場としてのネットを利用し、そこで政治的な討議を戦わせてきた人々によって担われ、維持されてきた場でもあったはずだ。むろん彼も、選挙期間以外でも実名制が適用されるのは問題だと述べていたが、人によってはこうした態度は、「自分たちの旗色が悪くなったとたん、ネットの規制もやむを得ないなどと言い出すのは、既得権を維持したいからに違いない」というふうに受け取られてもおかしくないな、と感じた。

ただし、インタビューに応じてくれた記者自身は、私が見る限り、そうした「既得権にしがみつく旧世代」という見方は当てはまらないように思えたことは記しておきたい。八八万ウォン世代による三八六世代批判が起こっていることについて質問した際にも、自分たちだって首を切られかねない状況なのは同じ、本当に左派政権のせいで非正規雇用問題が深刻化したのか、検証が必要だと彼は答えていた。おそらく、世代間の意識差の根底に大きな時代の変化があることを感じ取りつつも、新しい時代に合わせて、左派がどのような主張を行っていくべきなのかについて、まだ模索中というのが、正直なところだったのではないか。

†なぜネットは既得権批判を誘発するのか

さて、ここまで韓国におけるネットと政治、なかんずく「既得権批判」と呼びうる主張について駆け足で見てきたのだが、ここからどのような含意を得ることができるだろうか。

もちろんここで韓国の事例を挙げたのは、それが日本の状況と類比させられる点をいくつも持っているからである。雇用の流動化にさらされている層が、相対的に「安定」を手にしているように見える層に対して、それを世代間問題へと回収し、批判を投げかける。そこには「お前たちが持っているものは、本来ならば自分たちのところにあるべきものだ、だから、それをよこせ」というロジックが横たわっている。

言い換えればそれは、不安定を強いる現状に対して、構造改革を進め、より一層の「機会の平等」を確保せよ、という要求である。もっとも論理的には「それをよこせ」の中には、持てる者から持たざる者への財の移転、すなわち「結果の平等」も含まれうるはずだ。実際、若者たちの中に燻《くすぶ》る強い正社員志向は、「自分たちにも、お前たちと同じ地位と安定を保証しろ」という願望の表れだろう。だが、それが叶わない望みだと分かったとき、それは容易に「じゃあお前たちが代わりに不幸になれ」というロジックへと反転する。

それが若者の総意だ、などと言うつもりはないし、そこまでの極論を本気で唱える人は、いたとしてもごく少数だろう。しかし、ここで取り上げた事例から見えてくるのは、「ネット」という要因が介在すると、どうしても「反権威主義」と結びついた既得権批判、つまり「自分たちが持つべきものを不当に独占している奴らがいる」という主張が顕在化しやすくなるのではないか、ということだ。そしてその主張は、ネットの中で繋がり、広まり、やがて「不当な独占をやめて、平等な競争の機会を確保せよ」という主張へと結実するのである。

こうしたメカニズムは、ある時に既得権を批判して体制を打倒した者も、後からやってきた別の人々に「お前たちこそ既得権」と批判され、打倒すべき対象に祭り上げられるというサイクルに、私たちを巻き込んでいく。その帰結は、より一層の機会の平等の追求であると同時に、より一層の「流動化」なのである。

なぜここでも、「不平等」の元凶として何かを批判することが、機会の平等を確保するための構造改革にすり替わり、その結果生じた不平等を是正するために、さらなる機会の平等が要求される、という現象が起きるのだろうか。本来ならば求められていたのは、誰しもが当たり前に求める「平等」や「安定」であったはずなのに、それを要求するほどに、私たちはそこから遠ざかっていく。現在生じている出来事は、そんなどうしようもないほどの泥沼を、私たちの前に開いているのである。

さしあたり必要なのは、なぜそうした泥沼が生じるのかを明らかにすることだろう。とりわけ、そこに介在している「ネット」や「情報化」、そしてそれを作った人々、推進した人々の理想といった要素を、その根源にまでさかのぼって考えなければ、その本質は見えてこない。第二節と第三節では、インターネットの理想に、まさに「既得権批判」と同様のロジックが潜んでいたこと、そしてそれが、「新自由主義」として名指されている立場に繋がるものであったことを明らかにしていく。

2 理想としての「情報社会」

本書で取り上げている「既得権批判」の背景には、第一章でも述べたとおり「ルールの変化」に伴って生じた、「これまでのルールを生きる人」と「これからのルールを生きる人」とのギャップがあるのだった。それを推し進めた要因のひとつに「情報化」があることは第一章で論じたとおりだ。だが、情報化は勝手に広がったのではない。ある理想に基づき、様々な人が情報化の意義を積極的に論じ、それを肯定してきたのである。

問題は、自分に利益をもたらしてくれる環境を実現しようとすることが、かえって当初の理想（の一部）を遠ざけてしまうという逆説と、情報化との関係だ。情報化された社会についてのイメージは、それが論じられた当初から、現在において問題とされている事象の生起を織り込み済みだった。にもかかわらず、それは当時においては「よきこと」とみなされていたのである。だとするならば、ここで論じられなければならないのは、情報化社会の理想ではなく、その理想と、それを眺める社会との関係であるはずだ。

そもそも、情報化社会論とは、どのようなルーツから出てきたものだったのか。

†新しいルールのルーツ

情報社会が、来るべき社会の姿として話題に上るようになったのは、一九六〇年代のことであると言われている。梅棹忠夫やダニエル・ベルなどがその代表としてよく挙げられるが、それ以外にも増田米二やアラン・トゥレーヌ、アルビン・トフラーなど、情報社会論の端緒と呼べるような動きは、同時多発的に生じていた。

それらの個別の議論をすべてフォローすることはできないし、また意味のあることでもないだろう。ここでは「情報社会論」と呼ばれている一連の議論のおおざっぱな特徴と、その流れや批判などをごく簡単に押さえておきたい。

そもそも情報社会論は、その初発の段階においては「産業社会」に対置される新しい時

図表2—2　情報社会論における社会の変化

領域	これまで	これから
取引の対象	モノ	情報
経済の中心	第二次産業	第三次産業
資源を管理する主体	国家	企業、市民
生産の方式	少品種大量生産	多品種少量生産
消費者の価値観	大衆型大量消費	個性的・感性的消費
組織のあり方	中央集権的	分散型・ネットワーク型

出典：デヴィッド・ハーヴェイ『ポストモダニティの条件』などを参考に筆者作成。

代としての「脱産業社会」「情報産業の時代」と位置づけられるものだった。すなわち、工場での集約的労働を通じた大量生産・大量消費の時代から、情報による付加価値の生産を中心とするサービス経済への移行が、産業社会、ひいては近代社会のさまざまな仕組みを時代遅れのものにしていくと見なされていたのである。図表2—2は、複数の脱産業社会論や情報化社会論で論じられた「変化」の中身についてまとめたものである。

こうした立場からは、現在生じている出来事は、農耕革命、産業革命に次ぐ、人類の文明史における大転換として位置づけられる。それゆえ情報社会の到来は、単なる個別の技術のヘゲモニー（長期的な優位性）の変化ではなく、私たちの価値観の変化を促すものであり、それに伴って生じる多くの社会システムの限界を超克する必要性を示唆するものなのである（図表2—

図表2—3　文明史から見た情報社会

時代区分	前近代	近代	現代
生産様式	農耕・狩猟	工業	情報産業
主要なアクター	宗教から国家へ	市民・企業	智民（ネティズン）
変化の契機	農耕文化の発生	市民革命・産業革命	情報革命

出典：公文俊平『情報社会学序説』などを参考に筆者作成。

3を参照）。あるいはいくつかの議論は、情報化によってその超克が自動的に生じると見なしていた。

これらの見方が楽観的に過ぎること、また、決して目新しいものではないことは、その後様々な論者によって指摘されているが、そのような「社会論」としての是非とは別に、情報社会論はその後、発達する情報技術と絡まり合いながら、「新しい技術」による「新しい産業」の台頭を予言する役割を担っていく。それらは「技術が社会変革を駆動する」という「技術決定論」的な色彩を強く帯びていたのだが、それぞれの技術の陳腐化とともに、次々に廃れていった。たとえば、一九八〇年代には当時の電電公社の肝いりで喧伝された「ニューメディア」が、八〇年代の後半から九〇年代前半にかけては「マルチメディア」が、そして九〇年代後半からは「インターネット」や「携帯電話」が、その「新しい技術」の部分に代入され、幾度となく「古い産業の時代の終わり」が語られてきたのである。

むろん、新しい技術という項に、その時々の最先端の技術を代入すれば、技術決定論的な情報社会論の体裁そのものは、永遠に維持可能である。結果的に私たちは、「古い時代はもう終わり、これからは新しい時代だ（そしてこれがその兆候だ）」と言い続けることで、数十年にわたって「大転換の時代」を生きることができたのである。

注目すべきは、そこでの論理形式が「新しいものが古いものを駆逐する」という単線的な発展図式を採っていることであり、そのため「古いものの否定」という身振りが前提となっているということだ。これは情報社会論が、単純な世代間闘争へと還元されたり、「新しい時代の波に乗らなければ未来はない」式の自己啓発の材料にされたりするという現象の基本的な要因となっている点であろう。[10]

もうひとつ重要なのは、それにもかかわらず、情報社会論が技術決定論と結びつくことで、論点がビジネスプレーヤーのトップ争いのような「産業の理論」へと内包され、当初考えられていたような「産業社会の終わり」や「近代の諸価値の限界」といった射程の広いトピックが後景化してしまうことだ。これは情報社会論を、直近の五年、一〇年の変化としてのみ理解させ、挙げ句「あんなに騒いだ割には何も変わらなかったじゃないか」という批判を生み出す土壌ともなる。

†情報社会の二つのモデル

結局のところ、脱産業社会なり、情報社会なりという名称で呼ばれていた「次の時代」はやって来るのか。それともこうした立論は、未来学者たちの誇大妄想に過ぎないのか。八〇年代までのニューメディア、マルチメディアブームが事実上空振りに終わったことを受けて、特に日本では一九九〇年代から、情報社会論の中心を「コミュニケーション」に求める傾向が強くなる。[11] コミュニケーションと、それによる人々のネットワークの広がりが関心の主たる対象になることで、個別の技術の衰勢も、来るべき社会へと至るひとつの通過点として捉えることが可能になったのである。

情報化が進展することによって可能になる未来社会のモデルは、吉田純によれば、「モダン・アプローチ」と「ポストモダン・アプローチ」と呼びうるものに大別できる。吉田によれば両者の対立は、「現代社会を（ハーバーマスのように）モダニティという『未完のプロジェクト』の延長線上にあるものとして認識するか、それともモダニティのプロジェクト（リオタールのいう『大きな物語』）はすでに終焉し、現代はすでに『小さな物語』の氾濫するポストモダンの時代に突入しているとみるかという、現代の社会理論・社会思想全体の根底にある対立」ということになる。[12]

図表2―4　モダン・アプローチとポストモダン・アプローチ

	モダン・アプローチ	ポストモダン・アプローチ
リアリティの重心	現実社会	仮想社会
重視されるCMCの社会的特性	ネットワーク性	匿名性
コミュニケーションの特徴	問題解決的 世論形成的	遊戯的 自己目的的
主体のイメージ	理性的・自律的・近代的個人	多元化し、散乱し、脱中心化したアイデンティティ
民主主義のイメージ	自律的公共件における政治的意思形成	近代的合理性や近代的権威から排除されていた者の参加やプロテスト

出典：吉田純『インターネット空間の社会学』105頁

平易な言い方をすれば、前者は情報社会を「近代の理想がよりよく発露できる時代」、後者は「近代を超克した理想が実現する時代」と捉えているのである。具体的には、前者がネットの空間でこそ、人々の間の平等な議論が可能になり、今のところ様々な限界を抱えている民主制がよりよいものになると考える一方、後者は、人々が自分の好きなトピックに自由にアクセスできるようになることで、彼らを特定の国家や政治共同体に無理矢理縛り付ける必要がなくなると考える。そのため前者はネットでのコミュニケーションは、発言の責任を確定できるよう、非匿名で行われるべきだと主張するが、後者はむしろ匿名のコミュニケーションによって、人が様々な役割から解放されることの意義を強調する。要するに、前者は情報化による現実の変革を、後者は情報化による現実からの解放を究極的な目標に据えるのである（図表2—4）。

九〇年代までは、両者のアプローチのうち「ポストモダン・アプローチ」がどちらかといえば優勢であった。たとえば今田高俊は一九八七年の段階で、産業化が一定の豊かさを達成し、モノに対する欲望が満たされてくると、価値観のコンサマトリー化が生じると論じ、「労働集約性」や「勤勉性」を旨とする産業社会の価値観が通用しなくなると述べていた。コンサマトリー化とは、たとえば労働や余暇が「生活のため」「仕事を忘れるため」といった、何かの「ため」に行う活動（手段的活動）ではなく、「生きる目標としての仕事」や「仕事と無関係な生きがい」、つまり自己目的的な活動へと変化するということだ。

他方でメディア環境の変化は、オンラインのコミュニケーションを通じて、ハーバーマスが理想化した「公共圏」、つまり民主主義の基礎となる平等で開かれたコミュニケーションの場を生成するというモダン・アプローチの議論も、花田達朗らを中心に論じられてきた。[13] ともあれ両者の議論は、インターネットが人口に膾炙する九〇年代を通じて、それぞれ一定の影響力を持っていたと言っていいだろう。

ただ二〇〇〇年以降、両者の議論の立ち位置も変化しつつあると私は見ている。その直接的な契機は、インターネットの普及により「まだここにはない理想」として語られていた、人々の自由なコミュニケーションの場としてのネットが、現実のものになったということだろう。それによって、実現するはずだった理想が、いくつもの問題を抱えていることが明らかになりつつあるのだ。

特に、民主主義をめぐってその変化は顕著だ。初期の情報社会論、特にモダン・アプローチは、情報化が人々のコミュニケーションを促していくことで、民主的な議論が盛り上がると考えていたが、実際には人々が自分の好きな情報にだけアクセスし、偏った情報に踊らされながら、自分たちと異なる意見を持つ人々に対して攻撃的になるといった現象が目立つようになった。そのことは、ネットでの「自由な議論」から、偏ったもの、他者を攻撃するようなものを排除し、自由を制限しなければならないというジレンマを生じさせている。[14] もちろんポストモダン・アプローチの論者にとっても、それは避けて通ることのできない問題として認識されることになったのである。

†メディアと新秩序のダイナミクス

インターネットの普及がもたらすものが「バラ色の未来」などではなく、数々の問題を抱えていることがもはや明白であるいま、ここで述べてきた情報社会論は、どのようなアプローチを採るにせよ、いささか現実離れしたものであったとの非難を免れ得ないだろう。

では、情報社会論の理想はしょせん学者の机上の空論であり、私たちはネットを利用するべきではなかったのか。こうした考えは極論のようにも見えるが、しかし確実に現在のネットの世界を浸食しつつある。

たとえば、一八歳未満の子どもにフィルタリングを経ていない情報を見せることを規制しようとする動きや、「ネットを免許制にしろ」とか「ネットの発言はすべて実名で行われるべきだ」との主張、つまり責任ある主体でなければネットを使わせないようにしようという提案は、いまやネットに慣れ、その「自由」を謳歌していた人々からさえも一定の支持を集めるようになっている。前に紹介したオーマイニュース記者の発言も、その中に含めることができるかもしれない。

こうしたリアリズムは、いまネット上でなされているコミュニケーションを語ろうとする際には、避けて通ることができない。メディアが新しい未来をもたらすという議論が古くなり、代わって、そうした理想を共有しない人々の眼前には、インターネットが私たちの社会を壊すのではないかという不安が、雲のように広がっている。ネットの普及とともに、具体的なデータや事例に基づいた分析が可能になったこの数年の間に、その不安はますます現実味を帯びつつある。

それは、ネットが新しい段階に入ったことを意味するのだろうか。ある部分ではそうだろう。だが、そこでなされている議論の内実も「新しい」かどうかという点では、私は大いに疑問を持っている。ネットに関してよく論じられるテーマに、「ネット上で起きる『暴走』や『炎上』のような現象には、目新しさもあるけれども、他方で古典的なメディア分析のフレームが、かなりの程度当てはまる」というものがある。たとえば、ネットの情報を元に「祭り」を起こして個人を叩くという現象は、二〇世紀にラジオやテレビがもたらしたマス・ヒステリーと同様のメカニズムに基づいているといった具合だ。[15]

むろんその分析には一定の妥当性があるし、私自身も一部ではそのように主張してきた。だが、ネットをめぐる議論が「新しい段階」に入るとともに、「古い議論」が再来するという奇妙な現象は、突き詰めれば、インターネットからメディアとしての独自性が剥奪されていくということでもある。すなわち、インターネットだろうとテレビだろうと新聞だろうと、人々が大衆化したメディアを手にするとき、そこには常に「世論の暴走」の危険がつきまとうのだ、という、いわば「衆愚政論」が立ち現れてくるのである。

ネットが人々に、自由な言論の場を提供した結果、ネット世論が暴走し、抵抗する術を持たない個人を晒しものにしたり、冷静な判断をできなくしたりするという「ネット衆愚政論」は、メディア論としては非常にありふれた論法のようにも見える。そして炎上やネットいじめのような現象が報じられるたび、ネット論は次第に、「バカにネットなんか与えるからこんなことになる」式の、いわば古典的な大衆批判へと近づいていくのである。

大衆が自らの意志を表明する手段としての「メディア」を手に入れたことによって、それまでの世界を維持していた秩序に亀裂が入る、あるいはそうなりかねないことを危惧するという議論は、遡れば活版印刷の発明にまで辿り着く。実際、グーテンベルクの発明は常にルターの宗教改革の成功の要因として挙げられてきたし、一九世紀半ばに電信が発明されるまで、印刷物は（匿名で出版されるパンフレットを中心に）「民主主義」という新しい政治環境を生み出す原動力であり続けた。

その後も、ラジオや電話、テレビが発明され、普及していくたびに、メディアはいつも、既存の権威が独占している知識を人々に「民主的」に分け与え、より理想的な秩序を私たちにもたらしてくれる福音として迎え入れられた。むろんその反面で、メディアは「秩序の破壊者」として糾弾され続けた。知識や情報や芸術が容易に複製されるようになり、それらの序列を決定づけていた権威が失効することを嘆く声は、聖書の解釈権を強奪されることを恐れた聖職者たちにも共有されていたのである。

ここには、ひとつの歴史観を読み取ることができるだろう。すなわち、新しいメディアの発明は、より民主的な情報発信を可能にするとともに、それによって否定される権威からの抵抗を生むのだと。いわば新しいメディアは、社会を「新秩序」に適応できる人々と、彼らに対する「抵抗勢力」とに分断し、前者による後者の否定が、民主主義を広めていく礎となるのである。

こうした弁証法的発展史観に基づく「旧秩序」や「権威」の否定は、ネットをめぐる議論の中でもありふれたものになっている（もっとも、その実態が単なる「世代間対立」や「業界対立」である場合も珍しくないのだが）。この視座に従えば、冒頭に挙げた「ネット衆愚政論」も、ネットの普及に対する旧秩序側からのカウンターのバリエーションということになるだろう。

だが、そもそもこうした発展史観に対して疑問を投げかける論者もいる。たとえばジョアンナ・ヌーマンは、新技術が「エリートたちからその権力を奪って一般大衆の手に渡し、民主主義に新しい希望をもたらすよう強要する」というテーマが、歴史を通じて何度も繰り返されているにもかかわらず、「前進しているはずの民主主義が必ずしもそうはなっていない」ことを指摘している。[16]

ヌーマンが特に強調するのは、メディア技術が国際関係の中に入り込み、その時々の世論によって外交や戦争のあり方が左右されるものになってしまったという主張は、神話に他ならないということだ。確かにメディアは、新しいものとして国際関係の中に入り込んでくるたびに、それまでの政治や外交のあり方に重大な変化をもたらしてきた。だが、そ

図2－5　新秩序のダイナミクス

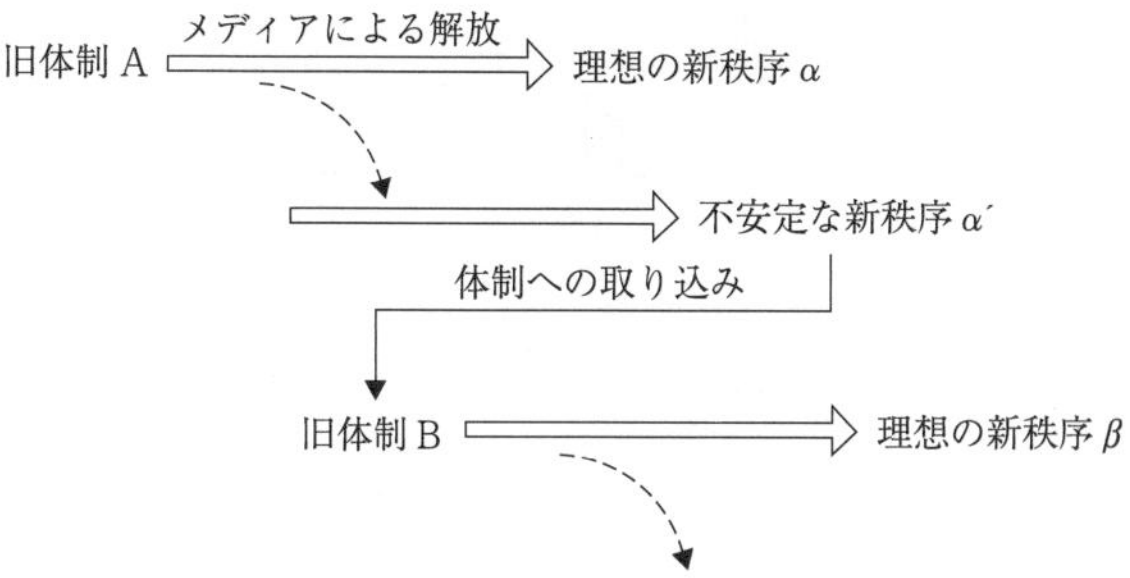

こで否定されるはずだった「権威」は、いずれメディアを取り込み、新しい技術込みで自らの立場を維持できるように路線転換を行い、生き延び続けてきたというのである。

彼女の指摘に従えば、そこに存在するのは、発展史観ではなく、時計の巻き戻しである。図2－5に示すように、ある時代に現れた技術やメディアは、真に民主的な環境（理想の新秩序α）をもたらしてくれると期待される。だが、その秩序が不安定なもの（α′）でしかないことが明らかになってくると、そのメディアは否定されるはずだった権威へと取り込まれ、再び状況が巻き戻されてしまう。そこに別の新しいメディアが登場し、かつての「新しいメディア」もろとも以前とまったく同じ論法でもって否定し、理想の新秩序（β）を目指すべきだと主張する。かつての革命家が頑迷な保守主義者になるとき、彼を否定する次の革命家は、かつての彼と同じやり方で彼を糾弾するのである。

このように考えるならば、情報化の理想をモダン・アプ

図2—6　新秩序と旧秩序のサイクル

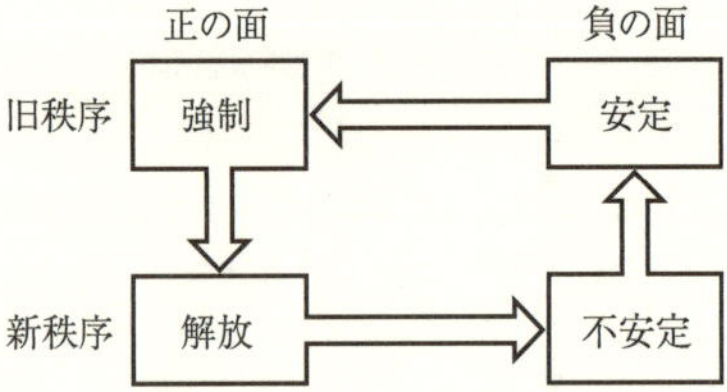

ローチまたはポストモダン・アプローチのいずれか一方のみで捉えることには意味がないことが分かる。というのも、二〇世紀になって登場した新しい技術に対象を限定せず、民主的で自由なコミュニケーションの拡大という点に即して考えるならば、それは一貫して、旧秩序と新秩序の間の綱引きとして進展してきたと言えるからだ。確かに何を「モダン」と見なし、何を「ポストモダン」と見なすかという論点は変化しているのだが、形式的な面に注目する限り、メディアのもたらす社会変化は、図2—6のように、正の面と負の面を併せ持つものとして生じてきたのである。

ここで「新秩序」「旧秩序」とはそれぞれ便宜的な呼称であり、別に何でも構わない。重要なのは、人びとを抑圧する環境に対して、メディアの力でそれを解放し、自由な環境を作ろうとすると、それがかえって不安定を生み出し、安定を求めて旧秩序の側への揺り戻しが起きるということだ。だが、それは強制を伴う環境を再び出現させるため、そこからの解放を求めて新しい秩序が理想として浮かび上がってくるのである。このように見れば、前に述べた「モダン・アプローチ」も「ポストモダン・アプローチ」も、「旧秩序からの解放」という点では、同じ方向性を有していたことが分かるはずだ。

†「あそび」とフレキシビリティ

このような説明図式からは、本章で取り上げてきた「既得権を批判した人が、次の世代に既得権として批判される」という現象も、過去に何度も繰り返されてきた出来事のバリエーションに過ぎないということになる。だが、それだけで説明を終わらせるわけにはいかないだろう。一八世紀に起こったことと、二〇世紀に起こったことは形式上同じであるとしても、内容的にはまったく異なるものであるからだ。

では、現在生じている出来事とはいったいどのようなものなのか。ここで私は、「脱産業社会論」が想定していた事柄、特にその「ポストモダン・アプローチ」に近い側面に注目してみたい[17]。というのもそこでは、まさに現在批判されているような事象が、むしろ旧秩序からの解放をもたらすものとして語られていたからである。

それは特に「労働」や「生き方」の面で顕著である。第一章の最後で、生産の情報化によって生じる労働や価値観の変化については述べたが、八〇年代までの情報社会論においては、そうした変化こそが称賛されていた。たとえば今田高俊は一九八七年の段階で、高度情報化社会においては、産業社会の原理であった「資本集約性」や「生産性原理」が後退し、「知識集約性」と「付加価値性原理」が主たる標識になっていくと論じている。[18] 資本集約性と生産性原理とは簡単に言うと、モノとしての資源をたくさん持ち、それをたくさんの商品に変える能力があるということだ。第二次産業中心の社会では、こうした能力に長けていることが、競争に勝利する条件だった。だから帝国主義列強は、資源を持った国を植民地にしようとしたわけだ。

情報産業、第三次産業が中心の社会では、商品の価値は「素材」そのものではなく、そこにどのような「価値（情報）」を付加できるかという点が重要になる。逆に言えば、近所の川を流れているただの「水」だったものも、「自然の味がする天然水」という情報を付加されることで、商品価値を付加される。それが付加価値性原理である。そして競争に勝つためには、「資源（モノ）」をたくさん持っていることではなく、そうした付加価値＝アイディアを持つ「人」を大勢抱えていることが重要になるのである。[19]

では、そこで求められるのはどういう人間なのか。今田は次のように述べる。

極端なことをいえば、これからの社会では、必ずしも無遅刻無欠勤の「まじめ人間」である必要はなく、また仕事をスピーディにこなす「効率人間」である必要もない。日頃、よく遅刻したり休暇を取ったりする人間であっても、ときどき思いもかけないアイディアを提供して付加価値を生みだす人間であれば、企業にとって価値ある人材となる。こうした人間を「まじめ人間」や「効率人間」と区別して、いま《付加価値人間》と呼ぶことにすれば、これからの企業に期待される人間像はこのタイプの人材となる。[20]

これは先ほどの脱産業社会論やポストモダン・アプローチの観点から見れば、「会社」や「労働時間」といった概念からの「解放」を意味する出来事である。仕事の時間は仕事の時間であり、ふざけたことをせず、上司の言うとおりに黙々と仕事をしなければならないというタイプの秩序は、ここではむしろ役に立たないものと見なされる。そこで労働者は、自分自身のために仕事を編成し、アイディアさえあれば、年齢やキャリアに関係なく価値ある商品、サービスを生み出すことができるのである。要するに従来型の産業と比較して、こうした働き方や生き方は、「自由」であり「反権威的」であるわけだ。

だが同時に、それはひとりひとりの個人にとっては、自由だけれども不安定、自己決定できるけれども自己責任も要求されるということを意味している。こうしたジレンマを抱えた状況のことを、近年では「フレキシビリティ（弾力性、柔軟性）」と呼ぶようになっている。ダイアン・コイルは、フレキシビリティが労働者にもたらす現実を、以下のように説明している。

人は自分自身のボスになれる。フレキシビリティには、弱みにつけこまれる危険と同時に自由もある。もちろん、みながみな、マイクロソフトのような企業を作れるわけはない。ほとんどの場合は、サメがウヨウヨしている海に住む小さな魚のような存在で終わるだけだ。だが二つのことが言える。第一に、コンピュータ技術はスーパー・スター効果をもたらし、それを多くの人の手に届くものにした。実際、よいアイデアを持ちそれを実現できるなら、もう一人のビル・ゲイツになることは可能だ。

(中略)

第二に、人柄が適切で教育があり、ふさわしい境遇にいれば、周辺的な臨時の仕事やパートに就くことができる。フレキシブルな仕事に就けば、ライン部門マネージャーによる管理からの自由、拘束されない時間の増加、多様性、そしておそらく通勤時間の短縮が期待できる。高度な技能を持つ専門家にとって、これは「ポートフォリオ・キャリア」として知られている。これは、多くのリストラ中年男性がやむをえず取る選択肢だが、人によっては解放でもある。[21]

多くの重要なことが、ここで述べられている。まず、労働におけるフレキシビリティの増大は、人によっては大きなチャンスをもたらすが、それにありつけるのは一握りの人間だということ。そしてもうひとつ、成功できなかった人が従事する仕事は、自由ではあるが、同時に不安定でもあるということだ。

そのため、フレキシブルな労働が中心の現場では、知的生産能力の高い人と低い人との間で大きな格差が生まれることになる。だが強調されるべきは、格差そのものより、その質の変化だ。産業社会での格差が、もともと経営者の一族に生まれたとか、能力と無関係に長い間勤めていることから生じていたとすれば、脱産業社会—情報社会の格差は、その人自身の能力の差から生じるのである——少なくとも建前上は。

その「建前」は、しかし非常に重要だ。というのもそれは、旧秩序の中でチャンスを得られないでいる人にとって、その人自身の能力と無関係に高い評価を受けている人間を、本来あるべき位置に引きずり下ろし、代わって自分が評価されることであると理解されるからだ。彼らに対して「良心的」な知識人が、「そうは言っても、結果的に負け組になる可能性の方が高いじゃないか」と諭したとしても、それこそ無能な連中が自分にチャンスを与えないためにそう言っているのに違いない、とすら受け取られかねない。建前と現実が異なるなら、現実を建前の方に合わせればいいだけだ。あれこれと理由を付けて現状を維持しようとする人々は、結局は既得権を温存したいだけじゃないのか、という疑いが、そこで生じるのである。

情報社会において生じる、フレキシビリティに基づいた新しい労働スタイルは、それが人々の間に「平等」かつ「民主的」にチャンスを分け合うと期待されるがゆえに、旧秩序を打破する理想として機能してしまう。それが「現実」に突き当たり、不安定や貧困を前にしたとき、ふたたび古いルールが持ち出されるということは、第一章でも指摘したし、本章でもメディアと絡める形で説明してきたとおりだ。

しかしながら、なぜそもそも情報社会やインターネットが持つ「ポストモダン・アプローチ」は、人々に自由で平等で、かつ勝ち組と負け組が「個人の能力」という理由で分かたれてしまうような社会を理想化しているのだろうか。というのも、その理由いかんで、この問題に対する対策の立て方が変化するからだ。「情報化」と「理想」の繋がりが必然的なものであるならば、問題とするべきは情報を産業にするそのあり方そのものということになる。だがそれが必然でないとすれば、情報社会においても、その理想の一部を活かしながら、いまとは異なる社会モデルを構想することができるはずだ。次節では、情報化がなぜ、今のような理想を抱くに至ったのかについて検証してみよう。

3 ハッカーとヒッピーの六八年

†ハッカーたちの倫理《ノリ》

前節の最後に述べたのは、情報社会がもたらす労働のルールの変化が、人々に平等かつ民主的にチャンスをもたらす、理想的な環境を作り上げるものだと認知されていたということだ。なぜこうした働き方が称揚されていたのか。それは、情報社会の基礎を作ってきた、いわゆる「ハッカー」と呼ばれる人々の価値観と深いかかわりがある。

この点についてもっともよく説明しているのは、ペッカ・ヒマネンによる「ハッカー倫理」の議論だろう。[22] ここでいう「倫理（ethic）」とは、人々が守るべきだと認識している道徳のようなものではない。私たちが行動を起こすに先立ってあらかじめ前提とされている価値観や態度、あえて言うならば「ノリ」のようなもののことだ。

ヒマネンがハッカー倫理という言い方をする背景には、マックス・ヴェーバーが明らかにした「プロテスタントの労働倫理」がある。よく知られているように、ヴェーバーは近代資本主義が、資本制そのものの発達から言えば後発にあたるはずのヨーロッパでもっとも発達した理由として、プロテスタントたちの特殊な宗教観があったことを指摘したのだった。それは勤勉を範とすると同時に、仕事というものを神から与えられた使命であり、逃れることのできない宿命として捉える考え方だった。

ヒマネンは、ヴェーバーの議論から近代資本主義の労働観として「金曜日」という表現を抽出している。金曜日とは、安息日、つまり休日である日曜日を待ち続ける日のことであると同時に、労働のない世界＝楽園としての天国を待ち続ける現世のことでもある。つまり現世とは、もう働かなくてもいい日曜日を目指して、黙々と苦しい労働に耐え続ける金曜日のようなものだというのだ。

それに対してハッカーに代表されるような新しいタイプの労働観は、日曜日のように平日を生きる、つまり自分自身の楽しみや「あそび」のために働くことを求める。好奇心に従ってプログラムを組み、自分の好きな時間に働くことを求めるハッカーたちのノリは、今では「二〇パーセントルール」という制度を持つグーグルの労働環境に結実している。二〇パーセントルールとは、労働時間の二〇パーセントを自分が重要だと思うプロジェクトに費やせるというものだが、それ以外にもグーグルでは、自分のブースを各人が好きなように設計できることが知られている。ネットなどで公開されているその様は、オフィスというよりは子ども部屋のようですらある。

この新しい労働倫理は、むろんハッカーだけに独占されているわけではなく、プロテスタント的な労働倫理に対するものとして、他の領域でも見られるようになっている。前節で引いた今田やコイルの主張でもそうしたノリは前提にされているし、仕事に対して「給与」よりも「やりがい」を重視する傾向は、いまや当たり前になっているのである。

仕事が金曜日的なものでなく、日曜日的なものであるべきだという考え方は、早期に離職する若者に対するありがちな「仕事とはつまらないものなのだから、やりがいなど求めずに黙々と働け」といった物言いが、的外れなものとして受け取られる可能性を高めている。もちろんそのように言う人は、耐えることによって後々生じる「充実感」もあるということを伝えたいのかもしれないが、それがいつ訪れるともしれない「日曜日」である限り、いまこの瞬間である金曜日は、プロテスタント的なものにならざるを得ないのである。

もうひとつ、金曜日を日曜日のように働くハッカー的な労働倫理に対する、あり得る批判として、既に前節の最後で述べたような「そういう働き方ができるのはごく一部であり、多くの人はハッカー的な労働倫理が広がった結果、不安定で流動的な状況に置かれてしまうのだ」というものがある。確かにこうした批判には、一定の説得力があるように思える。しかしながらヒマネンによれば、ハッカー的な労働倫理は、まさにそうしたフレキシビリティに抵抗するための倫理を求めているのである。

というのもヒマネンは、フレキシビリティの増大が、家庭内での余暇時間ですらも最適化しようとしたり、休みの日にもちょくちょく仕事のメールが入ったり、どこにいてもオフィスから携帯電話に連絡が来るような状況を生むのは、情報技術とプロテスタント的な労働倫理の結びつきによるものだと考えているからだ。より勤勉に、より最適に、という考え方は、日曜日すらも金曜日的なもので覆ってしまう傾向を持っているというのである。

情報技術は、放っておくと私たちの余暇時間に入り込んで、内面的な自由や安らぎの時間を奪ってしまう。ネットや携帯電話でしじゅう繋がれるようになったことで、常に友人や同僚に向ける「外ヅラ」を意識せざるを得なくなっている現在、こうした指摘にはうなずけるものがある。ヒマネンが注目するハッカー倫理とは、そうした「日曜日の金曜日化」に抵抗する足場としての「自分自身の純粋な楽しみ」を擁護しようという価値観・態度だと見ることができるだろう。

†カリフォルニアから世界へ

いずれにせよ、情報社会において求められるフレキシブルな労働と、そうした労働に自分自身を浸食されないために、自分のしたいこと、楽しみを優先するハッカー倫理は、補完関係にあるのであり、自己責任で新しいルールの世界を生き抜くことは、むしろ推奨されているのである。重要なのは「自分が何をしたいか」であり、そこでは「社会に広がる格差」のようなテーマは、そもそも扱われない。

だからハッカー倫理は不完全なものだということを、私は主張したいわけではない。それぞれの個人の内面や態度に状況の解決策を見いだす思考法が、第一章の最後で述べたような「自己啓発と自分探し」が求められる、情報化された労働が中心となった社会で積極的に採用されるのは、やむを得ないことだと言えよう。ただ注意しなければならないのは、こうした論理は「経営」や「全体社会」という観点から見れば、「高い生産性」や「効率的な経営」を達成するための手段ともなりうるということだ。

フレキシブルな労働に対して批判的な論者は、多くの場合、こうした経営の論理が労働者に不利益をもたらすことに注目する。フレキシビリティとは、経営者が体よく首切りを行うための理屈であり、自己責任や自己実現、「やりたいこと」といった論理は、それを覆い隠すまやかしだというのが、そうした人々の主張だ。

この主張には一定の妥当性があるが、問題もある。それについては第三章でもう一度触れることにしたい。それよりもここで注目したいのは、ハッカー倫理なり、情報化された労働なり、サービス経済の社会なり、様々な形で表現されている「新しいルール」の世界に存在する二重構造だ。つまりそれは、個人の側には「自分らしい生き方」や「自分なりの時間の使い方」を可能にするものとして現れる一方、それができるのは一部の人間だけという性格を持ってもいるのである。

この二重性の源泉はどこにあるのか。その点について参考になるのが、メディア学者のリチャード・バーブルックとアンディ・キャメロンが一九九八年に発表した「カリフォルニアン・イデオロギー」という論文だ。[23] ここで問題になっているのは、現在の情報社会を駆動する思想が、どのようなルーツから生まれたのかということだ。彼らが着目したのは、一九六〇年代のアメリカである。

よく知られるように、六〇年代のアメリカは「異議申し立ての時代」だった。六八年を頂点とする世界的な学生反乱の動きと呼応するように、公民権運動やベトナム戦争反対運動、ウーマンリブ運動などが盛んになっていたのであった。そうした動きの中で、情報化社会の理念と深く関係しているのが、ヒッピーたちの理想だった。ヒッピーたちは、資本主義、企業、官僚といった、自由と平等に反することがらすべてに反対し、それらの秩序に対する挑戦として、ドラッグやロックンロール、フリーセックスを公然と肯定した。

それは一九五〇年代の厳格な文化を生きていた旧世代にとっては頭を殴られるほどの衝撃だったという。現在でもアメリカ社会の大きな政治的勢力である宗教右派（キリスト教の原理的教義の貫徹を主張する立場）が台頭してくるのもこの頃からだ。と同時に、世界的にはこの動きは、「左翼」という概念をマルクス主義から切り離し、環境問題やコミュニティ自治など、市民の多様な関心に基づく社会運動の基礎を作ることになった。いわゆる「新左翼（ニューレフト）」と呼ばれる人々が、ここから生まれたのである。

その中でもヒッピーたちは、あらゆる管理のシステムを否定し、自由な人々の集まる共同体を理想の生きる場所と考えた。民主主義、寛容、自己実現、社会的正義といった普遍救済主義的で合理的で進歩的な理想を、ヒッピーたちの一部は（主としてマクルーハンに依拠しつつ）テクノロジーの進歩によって達成されるものだと見なしていたのである。

だから彼らにとっては、サイバースペースは真に自由な環境を人々にもたらすものであり、この章で論じてきたような、自由市場経済の中での自己実現を強いるようなタイプの思想とはほとんど関係がなかった。それにもかかわらず、バーブルックたちが強調するのは、このヒッピーたちの理想と、彼らが敵だと見なしていた企業家的発想に基づく自由主義が、現在では手を結び合っているということだ。彼らの言葉を借りれば、カリフォルニアン・イデオロギーとは「ヒッピーたちの奔放な精神と、ヤッピーたちの企業的野心とをふしだらに結びつけている」思想なのである。[24]

なぜこうした結びつきが可能になったのか。もっとも大きな要因は、両者がともに「反権威」という価値観を有していたということだ。伝統社会を否定し、そうした伝統から切り離された人々の人為的共同体という側面を持つアメリカ社会では、国家のような権威的主体が市民の生活に干渉することに対する抵抗感が非常に強い。そのため、伝統主義とほぼ同一視される「保守」という言葉も、アメリカでは自由主義的な伝統を保守するという意味で用いられる。すなわち、国家の介入を許さず、不当な徴税に反対し、自分たちのことは自分たちだけで面倒を見るべきであり、政府はできる限り小さくするべきだと主張するのが、アメリカの「保守」なのである。

これに対して「リベラル」とは、政府の役割を一定程度認め、税金による再分配や、自己責任では手当のできない部分へのケアを公的に行う必要性を唱える。結果的にリベラルの側は大きな政府を志向することになるのだが、ここで重要なのは、ヒッピーたちにとっては、こうした政府による福祉も、ある価値観に基づいたシステムに人々を囲い込む「権威」であり得たということだ。そうしたものからも解き放たれ、独立して集まった人々の平等な共同体こそが、彼らの考える理想の社会の姿だった。

バーブルックたちによれば、このアメリカ流の「右（保守）」と「左（リベラル）」の混合物であるカリフォルニアン・イデオロギーは、世界の情報化をリードする思想でありながらも、多くの矛盾と欺瞞を抱えている。そして私見に従えば、この矛盾こそが、本書で述べてきた多くの事例に共通する問題の源泉なのであり、この点こそがもっとも理解されるべきなのである。

†ヒッピーとハッカーの共通点・相違点

ヒッピーとハッカー。異なる理想を持つ両者は、どこで出会ったのか。完全な歴史を描くことは難しいが、両者の象徴的な要素を取り出して比較することはできるだろう。まずヒッピーたちに関して言えば、六七年頃を境にひとつの転換点が存在していることを指摘しておきたい。そもそもヒッピーは、繁栄の五〇年代がもたらした負の側面、画一的な消費主義や物質文明、硬直的な官僚制度に対して反発し、真の自由、感性の全面的な解放を理想とする都市部の若者たちによって担われたムーブメントだった。それは究極的には、資本主義や近代といった、私たちが生きている基礎的な枠組みそのものへの違和となって現れることになったのだった。

彼らの理想とした「コミューン」という共同生活のあり方は、そうした発想から出ているのだが、興味深いのは、それが「家族」という父権的な関係を離れ、対等な個人同士の繋がりを志向していたことだ。ヒッピーの中にはそれを、人間が本来持つ自然な関係に回帰することと同一視するものもあったが、一部の者はそうした関係がオンラインの空間でこそ可能になると考えた。というのも電子的なコミュニケーションには、人種や年齢、性別すらも（名乗らない限りは）判断できない匿名性が存在するからであり、そうした環境では、その人自身の属性によらない、対等な関係を築かざるを得ないからだ。

こうしたコミュニケーション上の制約は、情報技術が、ヨガの実践や、ときにマリファナなどを用いて得られるスピリチュアルな体験を通じた精神的な合一への志向、ニューエイジ運動などに見られる「ポストヒューマン」の理念を実現してくれるに違いないという期待を抱かせるのに十分なものだった。だからこそハワード・ラインゴールドは直截に、バーチャル・コミュニティとヒッピーたちのコミューンの相同性を指摘するのである。[25]

だが、オンラインのコミュニティの多くがそうであるように、こうした「対等な個人が集まった居心地のいいコミューン」は、結局のところ長続きしなかった。砂田一郎によれば、「フラワーピープル」とも呼ばれる平和主義的でコミューン志向の強いヒッピーの全盛期は六四、五年頃であり、この頃は都市部の安アパートなどを借りて共同生活を送っていた彼らも、学生運動などとは一定の距離があったのだという。[26]

状況が変わり始めるのは六〇年代の後半に入ってからだ。この頃からマスメディアの影響などもあって、マリファナやフリーセックス目当てにヒッピーになろうとする「プラスティック・ヒッピー」や、金儲けを目的とする「ヒッピー資本家」、仲間を食い物にしたり殺したりする「ヒッピー・ギャング」がコミュニティに入り込んでくる。関係がすさんでくれば、そこには警察の介入の余地も生まれる。ラディカルだった初期のヒッピーたちはそれらの出来事に耐えられなくなり、六七年にサンフランシスコのヒッピーたちによって「ヒッピーの死」が宣言された後、人里離れた土地にコミューンを形成するもの、世界中を放浪するバックパッカーになるもの、過激な学生運動と結びついて反体制活動に身を投じるものなどに分化していくことになる。

電子的なコミュニケーションの空間が、そうした「ヒッピーの死」の後にやってきたというのは、どこか皮肉な巡り合わせだった。自らを縛る属性やアイデンティティのくびきから解き放たれることを夢見たヒッピーたちの一部にとって、初期には電話、後にはコンピューターを介した通信の世界は、「現実から逃避するもの」とも「現実を超えるもの」とも言い得た。しかし実際に、ネットがこれほど大衆化する以前には、(建前上は違法であっても)ネット上であらゆるものをフリー(自由/タダ)で交換する文化は一般的なものであると同時に理想に叶うものと見なす傾向が強かったのである。

他方、ハッカーの側にも様々な事情があった。ここでハッカーと呼ばれる人々をどのように定義するのかということ自体が重要な問題だが、ここではスティーブン・レビーの記述をもとに、コンピューターの利用にあたって、以下のような信条を持つ人々ということにしておこう。[27]

①情報はすべて自由に利用できなければならない
②権威を信用せず、反中央集権を進めるべきだ
③ハッカーは、その人の属性ではなく、ハッキングの能力で評価されるべきだ
④美や芸術はコンピューターで作り出せる
⑤コンピューターは人生をよい方向に変える

このうち特に重要なのは最初の三つだ。自由への志向、反権威主義、属性主義への反発といった要素は、基本的にヒッピーと共通している。またここには直接出てこないが、ヒマネンが強調したような「楽しみのためのプログラミング」という点も忘れてはいけない。こうした点だけを見れば、ヒッピーがハッカーと親和性を持つのは必然のように見えるかもしれない。だが、異なっている点もあるのだ。

たとえば人を属性で評価しないという点。ヒッピーが個人の属性を取り払った、対等な関係を理想としたのに対して、ハッカーたちのそれは非常に実力主義的な考えである。つまり、ハッキングの腕前という実力だけで評価される世界こそ「公平」で「民主的」だと

いうのが彼らの価値観なのだ。その背景には、どちらかというとアメリカの保守主義的伝統、つまり未開のフロンティアを自分の力だけで開拓し、そこに居場所を築くという精神さえ読み取ることができるだろう。

それに、彼らも最初からヒッピーたちと接点を持っていたわけではない。MITのような大学にいた初期のハッカーたちは、ヒッピーはおろか、普通の大学生活からも縁遠い存在であり、連日連夜、コンピューターの前でハッキングにふけっていた。今の日本であれば「廃人」と呼ばれかねないほどの者もいたという。だが、それが西海岸にも波及していくと、スタンフォードのような大学では、コンピュータールームで乱交にふけるハッカーたちも登場してくる。西海岸の文化は、良くも悪くも「ハッカー」と「ヒッピー」の交差する点を生み出したのだった。

ヒッピーとハッカーのすれ違いは、こうした点にとどまらない。レビーによれば、ヒッピーたちにとっては「コンピューター」という存在は、それ自体、戦争や人間を管理するための道具であると見なされていた。もちろんハッカーたちは、そのような官僚的なコンピューターのあり方に対する反発から、自由で実力主義的なプログラムの世界に価値を見いだしていたのだが、ヒッピーたちにはそうしたことは伝わらなかったのである。

それどころか反機械文明を唱える抗議者たちにとって、コンピューターは破壊すべき対象だと見なされていた。両者の対立を、レビーが紹介している。ある日、デモ隊が自分たちのラボにやってくると聞きつけたハッカーたちは、実際に彼らがコンピューターを爆破するのではないかと脅威を覚えた。そこで彼らは、ラボの入り口にバリケードを設け、許可リストに名前が載っている人間だけにラボへの入室を許可するという手段を取った。結果的にデモ隊は彼らのラボを破壊することはなかったのだが、このことは彼らにとって重要な転機となる。

ハッカーたちは一様に安堵のため息をもらしたが、そのため息には後悔の念もおおいに含まれていたに違いない。ラボの中では錠のない民主的なシステムを作り出していたハッカーたちだったが、外の世界からあまりにも離反してしまっていたので、理想的環境へのアクセスを統制するためには、自分たちが嫌悪している錠、バリケード、官僚の手でまとめられたリストなどを使わざるをえなかったのである。

（中略）以前、何人かのハッカーたちは、「錠のある場所では働かない」と公言していたものだが、デモが終わって、制限リストがとうに廃止された後も錠は残った。総体的にいって、ハッカーたちは、錠前をいかに彼らが主流から外れているかの象徴として見ることをやめたのだった。[28]

†矛盾した平等の理想

結局のところ、ハッカーたちの「理想的環境」なるものは、それを脅かすものを官僚主義的に、非民主的に排除してこそ成り立つものでしかなかった。さらに重要なのは、コンピューターは戦争の道具だという抗議者たちの見方も、必ずしも間違っていたわけではないということだ。というのも、彼らのコンピューターの維持・開発の予算は米国防総省の下部組織であるARPAから出ていたからだ。

都合の悪い部分に目をつぶり、ポジティブな可能性だけを見ようとする姿勢はハッカーだけに限られたものではない。バーブルックたちによれば、ヒッピーの末裔たちも、保守派がコンピューター産業を中央集権的で、反福祉国家的な政策の要として称揚した際、それが既存のリベラルな権威を否定するものであるというだけで賛成したのである。

彼らが批判するのは、カリフォルニアン・イデオロギーの右旋回、つまり本質的にコンピューターの世界は自由主義的で、市場原理に則った自己責任の世界なので、政府は余計な干渉をするべきではないという考えが台頭し、世界中を覆っているにもかかわらず、その中心だったアメリカ、そして西海岸では、なにも自由至上主義だけがネットを支えてきた原理ではなかったということだ。公的な予算がつぎ込まれていたこともそうだし、一部のハッカーたちによる「贈与経済」、たとえばフリーソフトウェアなどが、ネットの技術を支えていたのは周知の事実である。

バーブルックらによれば、ヒッピーたちに源流を持つニューレフトの思想と、市場原理主義に依拠するニューライトたちは、「反国家主義」という点で意見の一致を見ているが、その動機は大きく異なる。ニューレフトが政府に反対するのは、それが軍産複合体に予算をつぎ込んで戦争を長期化させているからだが、ニューライトたちは、政府が自由な企業の活動に干渉することで、技術の健全な発展が阻害されている点を批判する。要するに、両者は真逆の立場から、政府を批判しているのだ。

それにもかかわらず、現代の情報社会論を主導するカリフォルニアン・イデオロギーの信奉者たちが、そうした点に目を向けないのはなぜか。それは結局のところ、自由市場の中で実現される、彼らの考える「平等」が、そこに入れない人々による奴隷的労働を必要とするものだからだ、とバーブルックたちは述べている。選ばれたものだけが、政府の援助と「贈与の経済」によって、自由市場の中での成功を獲得することができる。そのことが明らかになれば、彼らの持っている資産を、そこからはじかれた「奴隷」たちに分け与えよという要求が強まるだろう。ヒッピー的なマインドを持つカリフォルニアン・イデオロギーの信奉者たちにとってもそれは、かつてハッカーたちが自分のラボに鍵をかけてしまったのと同じ意味で、防がれるべき事態である。結果的に彼らは、まったく異なった動機から政府を批判する保守派と手を結び、「コンピューターの世界は自己責任が基本」という神話を維持しようと躍起になるのである。

バーブルックとキャメロンの議論は、ヨーロッパにおける情報通信技術の普及にあたっての政府の役割を強調するという目的があるため、いささかハッカーたちのマインドを短絡的に捉えすぎている部分がないわけではない。個別の論者を見れば、コンピューターの世界と自己責任の市場原理主義の結びつきを快く思う人ばかりではないだろう。だが彼らの立論は、本書における根本的な疑問、すなわち「なぜ既得権を批判する人が、別の既得権者へと成り下がり、批判の対象になるのか」という点に、重要な示唆を与えている。

そのことを説明するために、ここまで述べてきた、カリフォルニアン・イデオロギーに流れ込んでいる「ヒッピー的な理想」と「ハッカー的な理想」の差異についてまとめてみよう（図表2―7）。そこでは反権威主義や自由の尊重といった要素は、右翼バージョンの理想においても、左翼バージョンの理想においても共有されている。だが、左側が人間を評価する際に、人種や性別を捨象した「人間の本来性」を評価するのに対し、右側では「個人の実力」が評価の対象になる。一方が本来性の下に評価しあうコミュニティ的な関係を理想とするのに対して、他方は実力のあるものを結びつけるフロンティア精神を重視

図表2—7　カリフォルニアン・イデオロギーの右と左

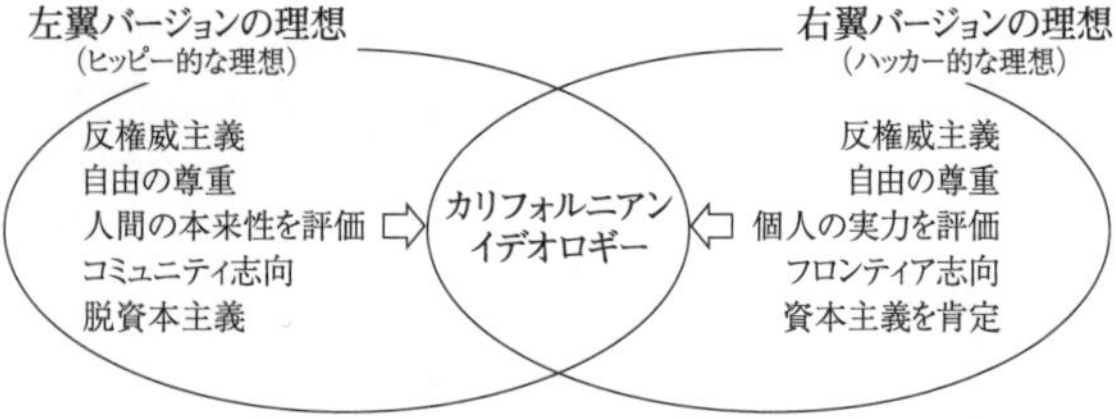

する。左側が資本主義のない社会を目指すとすれば、右側は資本主義の中での評価を肯定する。こうした微妙だが根本的な対立が、矛盾したまま飲み込まれているのが、「カリフォルニアン・イデオロギー」の正体なのである。

第一章での日本の事例に続いて、本章で韓国とアメリカの事例について述べてきた理由は、これで明らかだろう。いずれの事例においても、自由の尊重と権威への批判が引き金となって、現状に対する改革が始まっているのだが、そこにはもともと「平等」や「人間性」のようなものを強調する理念が含まれているにもかかわらず、いつの間にか「権威を否定するためにより市場原理主義的な環境を作らなければならない」という主張に一本化されてしまうという現象が生じている。そしてそれは同時に、実際には実力主義だけでなく、その市場の外側における様々な排除と貢献の上に成り立っているがゆえに、時間がたてば別種の「既得権」として批判される性格を持っているのである。

また、この種の「反権威主義」が、常にメディアの技術的趨勢とリンクして生じるという点も重要だ。より「開放的」で「民主的」なメディアができるたび、以前のメディアによって権威を批判することができた人々は、新しい世代の擁するメディアとそこでの価値に照らして批判されるべき存在になる。この種の世代交代と既得権批判のロジックが一体化したところに、「より平等にするために市場原理を持ち込め」という主張が生まれる要因が存在している。

当たり前のことだが、こうした議論は、それぞれの事例における特殊な事情を、かなりの点で無視している。韓国で起きたことと日本で起きたことが似たロジックを有しているからといって、両者は同じ要因から生じたわけでも、同じ未来を迎えると決まっているわけでもない。それでもこうしたロジックの共通性を私が強調するのは、第三章で検討するように、現在の私たちの価値判断のモードについて論じる際、一定程度抽象化した図式が有効だからだ。逆に言えば、そうした点を考慮しないと、国内における個別の事情だけに配慮した結果、市場原理主義的な改革がより進み、当初と望まない結果を生んでしまった他の地域と同じ末路を迎える可能性がある、と私は考えている。

続く章では、ここまで論じてきた「既得権批判のロジック」を、社会思想の文脈に近づけながら、私たちが選びうる未来のバリエーションについて考察してみたい。そこで問題になるのは、いわゆる「新自由主義」と呼ばれている理念・政策をめぐっての評価と、その内実である。

註

1 John Perry Barlow, 1996, A Declaration of the Independence of Cyberspace. (http://homes.eff.org/barlow/Declaration-Final.html)
2 佐々木俊尚『フラット革命』講談社、二〇〇七年、七四―七五頁。
3 池田信夫『ウェブは資本主義を超える』日経BP社、二〇〇七年、一二〇―一二一頁。
4 玄武岩『韓国のデジタル・デモクラシー』集英社新書、二〇〇五年、九九―一〇〇頁。
5 反共イデオロギーも含む韓国の右派（保守）・左派（進歩）の立ち位置の歴史については、高原基彰の議論を参照せよ。「日韓のナショナリズムとラディカリズムの系譜　韓国の進歩イデオロギーと日本のアジア観を事例として」『思想地図　Vol.1』NHKブックス別冊、二〇〇八年。
6 『朝鮮日報』二〇〇七年二月二〇日記事「進歩的な学界も盧武鉉政権に三くだり半（上）」。(http://www.chosunonline.com/article/20070220000058)
7 우석훈, 박권일, 88만원 세대(절망의 시대에 쓰는 희망의 경제학), 레디앙, 2007
8 多田博子「通貨危機発生以降における韓国の労働市場の動向　急速な雇用調整と雇用回復のメカニズム」日本銀行国際局、二〇〇二年。(http://www.boj.or.jp/type/ronbun/ron/wps/kako/data/iwp02j04.pdf)

9 呉学殊「韓国の非正規労働者問題」『月刊レポートＤＩＯ』連合総研、二〇〇六年。（http://www.rengo-soken.or.jp/dio/no206/houkoku_2.pdf）
10 公文俊平らは、情報社会の到来を「近代化＝西欧化」とみなす単線的発展論に対する「多系的発展論」として構想していた。その背景には日本思想における「近代化」をめぐる長い論争史があるのだが、ここではそうした点には触れない。
11 吉田純『インターネット空間の社会学』世界思想社、二〇〇〇年。
12 前掲書、一〇二頁。
13 花田達朗『メディアと公共圏のポリティクス』東京大学出版会、一九九九年。
14 キャス・サンスティーン『インターネットは民主主義の敵か』毎日新聞社、二〇〇三年。
15 荻上チキの議論は、従来のメディア論とネット批判との同型性についてのよいレビューとなっている。荻上チキ『ウェブ炎上――ネット群集の暴走と可能性』ちくま新書、二〇〇七年。
16 ジョアンナ・ヌーマン『情報革命という神話』柏書房、一九九八年。
17 ただしこのことは、私が現代を「ポストモダン」の時代だと認識していることを意味しない。アンソニー・ギデンズのような社会学者は、近代の秩序を、完成された「点」のようなものではなく、近代性（モダニティ）の徹底に向けて進展する「線」の概念で考える。その意味でポストモダンは、近代がはじめから持っていた傾向を徹底した結果生じるものであり、近代と区別することのできない概念である。それゆえ多くの社会学者は、「ポストモダン」という、「点」の概念として誤解されがちな用語を使用することを避け、「後期近代」という概念で現代社会を把握しようとするのである。後期近代には、ポストモダニストが主張していたような出来事が生じることもあるが、それはこの数十年で突然起きたことではなく、近代のはじめから起きていたことの延長・徹底なのである。
18　今田高俊『モダンの脱構築』中公新書、一九八七年。
19　もちろん、モノの集約性が必ずしも不要になるわけではない。たとえば任天堂は一九八〇年代において、ファミリーコンピューターのソフトウェア生産のために安価なROMチップを買い占めていた。しかし当然ながら、ソフトウェアがモノからネットワーク経由でダウンロードされるようになれば、モノを集約していることの意義は相対的に低下する。
20　今田前掲書、一三一頁。
21　ダイアン・コイル『脱物質化社会』東洋経済新報社、二〇〇一年、一二六―一二七頁。
22　ペッカ・ヒマネン『リナックスの革命』河出書房新社、二〇〇一年。
23　リチャード・バーブルック、アンディ・キャメロン「カリフォルニアン・イデオロギー」、『10+1』一三号、INAX出版、一九九八年。
24　よく知られていることだが、アップルの創業者であるスティーブ・ジョブズとスティーブ・ウォズニアックが自宅のガレージで最初に作ったのは、「ブルーボックス」と呼ばれる、長距離電話の「ただがけ」を実現する装置の亜種だった。彼らはそれでいたずら半分の長距離電話をかけつつ、それを周囲に売りさばくビジネスも行っていたのである。
25　ハワード・ラインゴールド『バーチャル・コミュニティ』三田出版会、一九九五年。
26　砂田一郎「ヒッピーからフリークへ」『思想の科学』一一七号、思想の科学社、一九七一年。
27　スティーブン・レビー『ハッカーズ』工学社、一九八七年。
28　前掲書、一六四頁。

第三章 サブカル・ニッポンの新自由主義

1　新自由主義の本質とは何か

†混合された理想

本書ではずっと「既得権批判」による改革要求、つまり現在の不遇は既得権を保持している奴らがどこかにいるせいだ、彼らの不当な取り分を奪うために、より改革を進めて流動化せよ、という発想を扱ってきた。そして、その個別の要求の正当性を問題にするのではなく、なぜ背景も時期も地域も異なる状況で似たようなロジックが噴出し、より一層の流動化という帰結をもたらしてきたのかについて考えてきた。

そこで見いだされたのは、①「流動化」は「安定／平等」とのアンビバレンツな関係の中で要求されているものだということ、②その背景には情報化によって個人の能力に焦点が当てられるようになったことがあり、③メディア環境の変化は、その両方を推し進めるという三点だった。特に情報メディアの発達は、個人が自らの能力を自由に発揮できるようにするという理想を持ちながら、他方でその恩恵にあずかれる人間をはじめから選別しているという点で欺瞞を抱えていたのであり、その理想に裏切られた人々にとって、発達した情報メディアがもたらす新世界は、あこがれの対象であると同時に破壊の対象にもなり得るようなものなのだった。

こうした同型のロジックの反復をどのように考えるべきか。そこに存在するのは、「倫理観」の変化とでも言うべきものだろう。私たちが、何を正しいとし、何がなされるべきかを判断する基準が、どこかで変化したのだ。

その変化の結果生まれたものを、昨今の思想の世界では「新自由主義」と呼ぶことが多くなっている。第一章でも述べたとおり、この呼称は使用される文脈が不適切なものや、論者によってまったく異なる内容を指す場合がまま見られる。議論の混乱を避けるため、ここまで私は「新自由主義」という語を、巷に流布している定義に沿って使用してきた。だがここまでのいくつかの考察を経た後でなら、さしあたり暫定的な定義から議論を始めることができるだろう。すなわちそれは、一九六八年を起点として変化した倫理観のモードであり、それらを正当化する諸理念の集合であり、それによって営まれる現実の政治体制である。

なぜ一九六八年を起点にするのか。これまでも多くの論者が、六八年を頂点とする世界的な学生運動の盛り上がりや新左翼の登場と新自由主義を結びつけて論じてきた。後藤道夫は、新自由主義化に関する日本の特徴として、開発主義国家の「保守」体制に対抗し、抑圧と貧困からの解放を目指す自由主義が、官僚批判、民営化肯定の流れと合流しやすかったという点を指摘する。[1] 大嶽秀夫は、新自由主義が新左翼の主張を逆手にとって改革を主張した際、六八年を淵源とし、通常「左」と見なされているポストモダン思想が新自由主義の主張に随伴したと述べている。[2]

六八年の理想は、歴史的な経緯から言っても「新自由主義」的なものの起点となっている。ただ本書の目標は、それらいくつかの日本独自の条件を認めつつ、それを現実の政治体制としてではなく、私たちの価値判断基準のモードとして抽象的に捉え、その対抗軸となり得るモードを探すことにある。というのも現在生じている出来事は、こと日本に関する限り、政治的体制の変動によって私たちが「騙された」結果というより、ある程度までは意識的に選ばれた新しい価値判断のモードが生み出したものだからだ。それを無視して別様な体制を構想することは、ときに「反民主的」な振る舞いにならざるを得ない。

現在のモードがややこしい問題を抱えている理由は、それが六八年から連なる二つの理想の混合物であり、両者を切り離すことがもはや容易ではなくなっているからだ。一方の理想を具現化させるときに、他方の理想を捨象することはできない。それは既に何度も見てきたとおりだ。だからこそあくまでモードの問題として、二つの理想を切り離して検討する必要があるのだ。

†アナーキズムとリバタリアニズム

もう一度、ふたつの理想の相違点を確認しておこう。左翼バージョンの理念が想定しているのは、人間の本来性を解放し、自由になった個人が自発的協力関係の中で生きる、資本主義を超えるような社会だった。他方で右翼バージョンの理念は、個人が自分の能力でフロンティアを開拓し、自らの生きやすい環境を構築することを奨励する。特にそのフロンティアは市場での自由競争に求められているのだった。

社会思想の分野では、両者の対立は「アナーキズム」と「リバタリアニズム」のそれであると見なされることが多い。ただ、この二つの語はともに多くの誤解に曝《さら》されており、安直に用いることはできない。特にアナーキズムは、「無政府主義」という訳語のせいで、あるいは大杉栄の強烈なイメージのせいで、政府転覆を企むテロリストであり、破天荒な生き方をする無頼というふうに理解されることが多いかもしれない。だがそれは社会思想としてのアナーキズムという観点からすれば、間違いとは言えないものの傍流であり、その本質を十分に捉えているとは言い難い。

アナーキズムの最大の特徴は「自由至上主義」、つまり自由を何者にも優先させるべき価値だと考える点にある。その自由は「〜からの自由」とも呼ばれる「消極的自由」だ。特にアナーキズムでは、権力やそれに基づく序列すべてに反対することが主たる主張になっており、アナーキストは徹底して自由至上主義者である。また、序列という意味では資本家と労働者、富者と貧者の間に差を付ける資本主義も、政府とともに廃絶すべき対象と見なす。この点でアナーキズムは社会主義の一派であるとも言われる。[3]

近代アナーキズムの起源はフランス革命後に起こった「平等」を求める声であるとされるが、思想史上重要なのは、カール・マルクスとピエール・J・プルードンが活躍した一九世紀の半ばごろである。当初は非常に近い関係にあった二人だが、社会主義革命をめぐる路線の違いなどから決裂、以後アナーキズムはマルクス主義とは異なる思想として、社会主義思想の中でも目立たない立場に追いやられる。もちろん思想とは別に「行動によるプロパガンダ」と呼ばれるテロ・暗殺などは、注目を集めていたのだが。

二〇世紀に入り、マルクス＝レーニン主義に基づく社会主義国家が誕生したことで、社会主義思想としても政治活動としても、一時は「終わった」と見なされたアナーキズムだが、一九六〇年代の後半になって、再び注目を集めるようになる。そのきっかけこそ、世界中で盛り上がった学生運動だった。この時期、既にスターリンによる大粛清がソ連で行われていたことが明らかになっており、一国社会主義はアナーキストが主張したとおり、権力を奪取したことで反革命的主体になってしまったと見なされていた。また学生たちは、大学や政府のみならず、共産党に対してもその権威主義的な性格に辟易していた。彼らにとってアナーキズムは、マルクス＝レーニン主義に代わる新しい社会主義理論であり、また実践であったのだ。[4]

当時「新しいアナーキズム」とか「新時代のアナーキズム」と呼ばれたこの思想は、自主管理と相互扶助を中心的なビジョンに掲げていた。自主管理とはプルードンが構想し、実践した理念で、労働者の活動は「国家の一部分ではなく、国家それ自身である」と言われるように、彼らによる完全な「下からの自治」を目指し、国家・政府を廃棄するというものだ。相互扶助はそうした自治の中での支え合いを意味しているが、特にピョートル・クロポトキンのそれが有名だ。クロポトキンはいわゆるダーウィン的進化論における「適者生存」のプロセスを、奪い合いの生存競争と見なす立場に対して、自然の中で生物が互いに助け合いながら自然に立ち向かっていく点を強調したのだった。

六八年の学生運動とアナーキズムの親和性は、大きく言って以下の三つの点に求められる。まず徹底した反権威主義。プルードンの影響下でマルクスと論争を続けたミハイル・バクーニンが、マルクスらを「権威主義者」と呼んだことからも分かるとおり、アナーキズムはたとえ社会主義に近い思想であっても、人間が人間に対して「指導」を行ったり、権力を作ったりすることを認めない。六八年のフランスでは、学生たちが「福祉国家」にすら批判のまなざしを向けたことが知られている。国家が市民を管理するのではなく、自分たちのことは自分たちでまかない、互いに支え合うべきだという理想がそこにある。

その相互扶助が、権力のない（＝アナーキーな）状況で自発的に行われるものであると考えるのが、二点目の特徴だ。その自発的連帯の下、資源は各人の必要に応じて平等に分け合うことが求められるのだが、それはコミュニティの中での協力関係によって、資本主義そのものを超えていくことと同じことだと見なされていた。

そうした理想が求められたのはなぜか。その理由はアナーキズムの三点目の特徴である「人間の自然的状態を肯定する」という性格に求められる。人間は本来、協働生活の中で助け合いながら生きてきたのであり、権威に基づく、人間による人間の支配が当然と見なされている現代こそ、その自然的本性から遠ざけられた状態にあるというのがアナーキズムの理念だ。

こうした理念を並べると、それが第二章で述べた「カリフォルニアン・イデオロギー」における左翼バージョンの理念とほぼ同じ特徴を有していることが分かるだろう。実際、ヒッピーたちはアナーキズムの理想に影響を受けながら「人間の本来性」を解放することこそが重要だと考えていた。その背後にあるのは、ベルクソンなどの影響を受けた生命主義だ。[5]性欲などを含めた内なる欲求を解放していくことが、真に人間らしい生活に近づいていくことだというのがその内容だが、興味深いことにそれは、ニューエイジ思想を含む「物質文明を越えた人類の新たな段階」を目指す一部のヒッピーたちによって、情報通信の世界の理想に持ち込まれたのであった。

これに対して右翼バージョンの理念は、今日では「リバタリアニズム」と呼ばれることが多いのだが、アナーキストはこうした呼称に反対している。[6]というのも最初にリバタリアンを自称したのはアナーキストだったのであり、市場原理にすべてを任せる、つまり資本主義を否定しないリバタリアンは、アナーキストとは異なる立場だというのだ。近年では混乱を避けるために、アナーキストを「共産主義リバタリアン」、市場主義的なリバタリアンを「リバタリアン右派」などと呼んで区別することが多くなっている。

†ねじれる新自由主義

リバタリアニズムの持つ市場原理主義的傾向は、様々な点で今日「新自由主義」と呼ばれているものと似通った点がある。現在の日本で新自由主義と名指されるのは、おおむね以下のような特徴を有した「考え方」であり、それに基づいた「体制」であるとされる。[7]

①市場原理主義……アダム・スミスの言う「神の見えざる手」が市場の自己調整メカニズムとして働くという説を信頼し、なんでも市場に任せればうまくいくと考える。現代における市場原理主義のイデオローグとなったのは、フリードリヒ・ハイエクとミルトン・フリードマンである。

②企業中心主義……市場の自己調整機能を信頼する新自由主義は、雇用に関してもできるかぎりスムーズに調整機能が働くように、雇用の流動化を推し進める。そのため、首切りに反対する労働組合の権限をできる限り縮小しようとする。また他方で、それによって生まれた利益を株主と経営者に還元し、社会の格差を拡大する。

③反福祉国家……市場にすべてを任せる体制にもっとも不適合なのは、国家が国民の生活を保障する福祉国家の体制である。福祉国家は非効率を生むばかりでなく、怠け者が福祉に依存することによる国民生活全体への「たかり」を引き起こすので、公共部門は縮小・廃止されるべきであると考える。

④グローバル化……新自由主義は、IMFやWTOを通じて、市場原理主義を世界中に押しつけようとしている。こうした体制を押しつけられた国では格差が拡大し、貧困層が増大している。こうした動きの背後には、アメリカの金融界と政治が結びついて生まれた「ワシントン・コンセンサス」が黒幕として存在している。要するにこれらは、一部のア

メリカ人を儲けさせるための戦略である。

一九七三年に、アメリカの介入によってチリで誕生したピノチェト政権を皮切りに、八〇年代にはイギリスのサッチャー政権、アメリカのレーガン政権、日本の中曾根政権などがこうした体制に移行したとされる。この時期、公共部門の民営化が進み、福祉支出の削減が行われたことによって、後まで繋がる「改革」の先鞭が付けられた、と説明される。

こうした一連の説明には正しい部分もあるし、明らかに間違っている部分もある。それはこれらを「新自由主義」の要素として認めるか否かという以前の問題だ。たとえばアダム・スミスは「神の見えざる手」だけが信頼できると考えていたわけではないし、ハイエクもフリードマンも、政府の役割を一定程度認めており、なんでも市場に任せればうまくいくなどと主張してはいなかった。雇用の流動化も、日本について言えば、既存の正社員の雇用を流動化させないために若年層の雇用を流動化させたのであって、いままた終身雇用傾向が強まりつつあることは既に見たとおりだ。さらに福祉予算についても、一般会計規模に占める社会保障関係費の割合はむしろ増えているという。[8]

そのほか、小泉政権以降に社会格差が拡大したという説は実証的に見れば間違いであるという分析、[9] あるいは論理的に言っても、中曾根政権以降を「新自由主義」の体制と呼ぶならば、二一世紀になって「自民党をぶっ壊す」必要などなかったはずだとする指摘など、新自由主義の定義に対する異論は様々に提示されている。直截に言って、いわゆる「新自由主義批判」なるものの中には、問題を過度に単純化し、とにかく新自由主義的なものを演繹的に定義し、それに当てはまるものを見つけては否定するという身振りが多く含まれているといえよう。

全体として、ここで述べているような「新自由主義批判」なるものは、現在起きていることの一面ではあるが、長いプロセスの一時点を切り取って強調するきらいがあり、そのため、「新自由主義」やそれを範とする体制に生じた変化に適切に対応しながら批判することが難しいものになっている。九〇年代に投機的取引によって多くの国の経済を破綻させたと非難されたジョージ・ソロスが、その後「改心」したことは有名だが、新自由主義と名指された側も、常に批判者の議論を取り入れて「進化」している[10]。カリカチュアライズされた「新自由主義」を叩いても、いつの間にかその「敵」はどこにも見あたらなくなっているという事態が生じるだけではないだろうか。

†矮小化されるイデオロギー批判

そもそも、ここまで新自由主義体制が広がった背景には、そこに含まれる「政府からの自由」という性格がある。六八年的なモチーフのひとつに、政府から自立した市民というイメージがあったことは既に指摘したとおりだ。そうしたイメージが市民的な動機付けとなり、それが一方でNPOなどのさきがけになっていくが、他方で七〇年代以降の「福祉国家の危機」、すなわち福祉支出による国家財政の圧迫を受け、政府の仕事を民営化し、自由競争の下で効率化させせようとする動きとも一体化していく。

また市民活動重視の理念は、八〇年代以降、「消費者主権」といった概念と合流し、輸出依存型の経済から内需中心の経済への転換というアメリカからの要求に応える枠組みに鋳直されていくのである。よき消費者を生み出すためには、本来人々の間での貧困の解消が不可欠だが、そうした政策的課題はほとんど顧みられず、「正社員を増やす」ことが求められるという点で、新自由主義批判はことの経緯を誤解しているというべきだろう。

新自由主義批判に内在するジレンマは、批判の矛先をどこに向けるかという点で、面倒な問題を引き起こしている。たとえば渡辺憲正は、九〇年代以降の格差社会論を検討する過程で、橘木俊詔、佐藤俊樹、山田昌弘、苅谷剛彦、佐藤俊樹らの論者が、①結果の不平等を必然的なものだと見なしている、②その不平等は収入のような金銭的な面だけでなく、人格類型などの心理的な面でも広がっている、③そのため「意欲の格差が収入の格差を導く」といった形で、格差を容認しがちである、という特徴を有していると批判する。[11] ただし注意しておくべきなのは、渡辺の議論は、佐藤らの実証調査に基づいた類型化と、三浦のようなマーケティングの分野による類型化をともに「階層を類型化して把握する」という点で同じだと見なすなど、そうとうに強引な立論を行っているということだ。ここで挙げられている論者を彼は、大衆社会が衆愚政治に陥ることを危惧し、自己責任と高貴な義務を個人に要求する「保守主義者」に接近する可能性があると論じているが、さすがにそれは個別の議論の有意義な点までも捨象する乱暴な議論だろう。

なぜこうした批判が登場するのかについては後でもう一度触れるが、似たような例として、二宮厚美の議論を参照してみよう。[12] 二宮は、山田昌弘の「希望格差」というコピーが、そこから受ける印象とは異なり、格差の真の原因を隠蔽し、自己責任を要求する「偽装コピー」であると厳しく非難する。というのも山田の定義する希望が「未来に向かって希望が持てる」という「意欲＝心理」の問題であるため、いつの間にかそれが格差を生み出す「原因」へとすり替えられるからだ。言い換えれば、希望が持てないのは社会のせいであるのに、山田の説では「意欲を高められる手当をしよう」という、個人の責任に照準した処方箋しか導出できないというのである。

このようなすり替えが生じる要因のひとつとして二宮は、ＩＴ産業を中心としたニューエコノミーへの移行過程で、「能力に基づいた格差が生まれるのは仕方がない」という考え方が広がったことを挙げている。たとえばカリスマ美容師と普通の美容師の間に報酬＝収入の差が生じるとしても、それは能力に基づいた「公平な」分配だと見なさなければならないといったことだ。しかしながら二宮は、能力の格差を報酬の格差に結びつけるのは、資本主義の持つ根本的な問題であり、それは脱工業社会だから認めなければならないというものではないと主張する。

渡辺や二宮の立論は、端的に言って「人間の能力差を収入の格差と同一視する資本主義はけしからん」というものであり、いかに「いまさら」という感があるとしても、傾聴すべき批判であろう。というのも第一章で述べたとおり、情報産業、サービス経済中心の社会では、個人は自らの労働を、「人間としての価値」を問われる場面として理解させられる傾向が強まるからだ。だが両者ともに共通する傾向だが、「資本主義が悪い」と言ったところで、それだけでは何の処方箋も生み出すことはできない。というのも、それはあくまで「イデオロギー批判」の域を出ないからだ。

イデオロギー批判とはなにか。マルクス主義的な文脈ではそれは、私たちの内に潜む隠れた傾向としての「資本主義を肯定してしまう意識」や「資本主義の中で成功することを目指してしまう意識」を発見し、自覚し、批判するということを意味する。放っておくと私たちはついつい「資本主義でいいじゃないか」と思いがちである。こうした意識が染みついていることを自覚し、距離を置けるようにしなければ、社会主義を目指すことはできない、というのがイデオロギー批判の趣旨だ。

そのため渡辺や二宮の議論は、多くの論者に「結局は格差を肯定しているじゃないか」という傾向を読み取るものになっている。それは私たちが意識しないうちにすり込まれているイデオロギーなのだ、という主張が、ここで暗にたたみ込まれているわけだ。だが奇妙なことに、この立論は「個人の内面」に問題を帰着させることへの批判でありながら、批判対象よりもずっと「個人の内面」を問題にしている。資本主義が問題なら、それだけを問題にすればいいのに、なぜ格差社会「論」の中に、資本主義や格差を肯定する「イデオロギー」を発見して批判しなければならないのか。

それが社会的に影響力のある議論だから、というのが第一の理由だろう。しかしこうした議論の仕方では、「機会の平等が保証されれば、結果の不平等は肯定できる」という考え方は、そのように思いこまされている誤った観念だ、という形で、彼らの読者へもその批判が投げ返される。問題は、その読者のうちに本書で扱ってきたような「より平等にするために新自由主義的な改革を進めよ」と考える人々がいるということだ。

そもそもイデオロギー批判に意味があったのは、特に日本においてはそれが「抑圧された他者の発見」という性格を持っていたからだ。つまり、私たちは単に自分が抑圧されていると思っているが、実はそうではなく、資本主義というシステムの中で、私たちもまた誰かを抑圧し、搾取しているというのである。そのことに気づかない限り、資本主義そのものを批判することはできないと、そこでは考えられている。

六〇年代から七〇年代にかけて盛り上がった全共闘運動のひとつの成果は、ラディカルな批判の根拠としての「弱者」を発見したことにある。学生は大学に抑圧されていると同時に、大学を出ていない労働者を抑圧するエリートになる可能性がある。同じロジックで男性は女性を、日本人はアジアの人々を抑圧し、搾取してきたはずだというイデオロギー批判は、既存の左翼の欺瞞を暴くという意味で有意義な面を持っていた[13]。

ところがそれは、批判する側（というかイデオロギーを内面化している人）が実は「強者」であるという前提でしか意味を持たない。社会の中で不利な立場に立たされているがゆえに、いっそうの「改革」を要求している人々に対してそうした批判の矛先を向ければ、（二〇〇五年の衆議院総選挙の際に生じた若者批判のように）「愚かな連中がイデオロギーに踊らされている」といった抑圧的な物言いを呼び出してしまう。だからこそ「ここにもあそこにも格差を肯定するインチキな連中がいる」といったことを口にして「弱者の味方のフリをする強者捜し」が登場してくるわけだ。この種の属人的な批判は、イデオロギーを個別の論者の内面の問題へと矮小化するという点で、有意義とは言えないだろう。

†アナーキズムを取り戻す？

そうした属人的な非難を差し引いた上で、これらの議論に意味を見いだすとすれば、それが新自由主義や格差拡大に対するラディカルな見直しを迫っているということだろう。たとえば二宮は、労働組合が正社員の雇用を保護した結果、若年層の雇用が流動化したという説を強く批判する。実際には資本の側が利益を確保するために、労働者に回すパイの拡大を抑制した結果、既存正社員と若年層の間の椅子取りゲームが生じたにもかかわらず、そうした資本階級への批判的視座が欠如しているというのだ。

この議論には、いくつかの点で留保すべき部分がある。まず、資本家階級をマルクス主義の定義に則って「生産手段を有した人々」と理解するならば、情報産業、サービス経済の下では、その生産手段の源泉は個人のアイディアや能力、その時々のトレンドに求められるものに他ならず、かつてのように独占的に占有し続けることが保証されないものであるということ。それゆえ、資本家階級になる＝経営者になることも、人々の選択肢として一定程度は確保されているということ。そのため、経営者は自らの会社の利益をグローバルな競走の中で自社を維持するために内部留保するようになり、労働者側に回すインセンティブが低下しやすくなっていることだ。

賃金や雇用が増えないのは経営者のせいだ、というのは簡単だが、そこに常に「悪人」ばかりが見いだせるわけではない。それどころかこうした主張は、不当に利益をため込んだ経営者を流動化させるために、より新自由主義的な改革を持ち込め、という主張の根拠にすらなりかねない。むしろここでは、第一章で見たような「勝ち組」的自己規定のメカニズムについて考慮する必要がある。すなわち、「これだけ頑張って会社を支えてきたのだから、会社の存続を第一に考えて内部留保を確保したり、経営者報酬を増やしたりするのは当然だ」と思わせているものは何か、という点が重要なのだ。

新自由主義をひとまずイデオロギーとして理解し、批判的に検討することの意義は、それが私たちの価値判断のモードになっているからである。どうしようもない貧困の瀬戸際まで追い詰められない限り、多くの人は自らの信頼している判断のモードが、実際には自分たちにも貧困への道を開く可能性を有していることを認めない。「頑張れば自分にだってチャンスが開かれるはずだ」と信じ続けるためには、「格差は努力と才能の結果だから仕方がない」と思いこめる材料が必要になってしまうのである。

判断のモード＝イデオロギーをいかにしてラディカルに乗り越えるか。世界的にはそれは、新自由主義に飲み込まれてしまった六八年の理想、つまり「アナーキズム」の呼び出しによる「オルタナティブな（もうひとつの）世界」の可能性へと差し向けられている。

二つの理想から一方をより分け、本来実現されるはずだった世界を目指そうというのだ。

それは具体的には、アントニオ・ネグリが主張し続けている「マルチチュード」の世界的な連帯が生み出す未来ビジョンのようなものに結実している。彼はメキシコのサパティスタ運動について述べる中で、それが「もうひとつの近代」を生み出す力になり得ること、またインターネットなどのメディアを用いた連帯が、その基礎のひとつになることを指摘している。[14]

こうした主張はアナーキストたちに言わせれば、まさに彼らが以前から一貫して主張し続けてきたことであるということになろう。ジョレル・クランは二一世紀のアナーキズムが、グローバリゼーションへの対抗運動となっており、「グリーン・アナーキズム」のような地球規模の環境運動を牽引していることを紹介している。[15] 国家によらない自発的な協力関係を地球規模の連帯へと拡大していこうとする「二一世紀のアナーキズム」は、おそらくアナーキズムの二度目の「復活」と呼びうる現象である。これらの運動は、単なる国家廃絶やテロ行為の肯定ではなく、生産活動の自主管理を通じた、人間と地球環境の持続的な発展―維持を志向するものであり、市場の活動をアナーキーな協働体へと埋め込んでいくことを目指しているのだ。

アナーキズムの理想を、新自由主義に飲み込まれる危険なものとしてではなく、そこからより分けることが可能なものとして捉えるとき、そこには現在の体制を補完するだけの「現実的」な政策と、何百年先に訪れるかも分からないポスト資本主義のユートピアとの間の、「可能なるオルタナティブな世界」が見えてくるのである。

†「人間らしさ」の神話

もちろん注意すべき点は、新自由主義とアナーキズムの融合だけにあるのではない。アナーキズムに関するこれまでの研究は、それが市場原理主義と結びつくことよりも、偏狭なナショナリズムと一体化することの危険性を示してきた。特に「血と大地」を根拠とするドイツ型ファシズム、技術信仰に基づく人間解放を目指すイタリア型ファシズムの双方が、アナーキズムの暴走の醜悪な姿を晒している。なにより、社会主義型アナーキズムの祖であるプルードン自身、互いの顔が見えない状態で人々が結びつけられるナショナリズムを批判する一方で、血の結合に基づいた「ナシオン」の可能性を肯定していたのだ。これは、現在の日本において一部の左派が主張する「パトリオティズムに基づく格差解消」路線が、エスニック・マイノリティや外国人労働者などのマージナルな存在に対して鈍感であることとパラレルな事態を指し示していると見ることができるだろう。[16]

こうした事態が生じる理由は、どちらかというとアナーキズムの中にある。アナーキズムの依拠する理想の一つに「人間の本来性の解放」があったことは既に見たとおりだ。その「本来性」なる概念は、基本的に「近代社会の抑圧を受けない状態」のことを指すのだが、それは人類文明を離れた原始的コミューンを理想化することもある一方で、サイバー空間において成立する匿名のコミュニティのようなものとして把握されることもある。いずれにせよそこで求められているのは、「人間らしい本来の生き方」を理想化していくことなのである。

この「人間らしさの神話」とでも呼ぶべき志向は、いまや私たちの社会においてありふれたものになっている。現代社会に批判的な多くの人が、そこで対抗概念として挙げるのは「人間らしい生き方」というものだ。いわく、労働者を使い捨てにする職場は人間らしくない、子どもを競争に駆り立てる教育は人間らしくない、人と人との間に差を生み出す新自由主義は人間らしくない、等々。そこでは人間らしさという理想が、現在ある社会とは異なるもの、という否定的な言辞によってブラックボックス化されており、そこを目指してさえいればいいのだ、という形で、社会批判が正当化されるのである。

しかしそこで目指されている「人間らしさ」が、常に同じものを目指すとは限らない。というよりむしろ、新自由主義的イデオロギーの中にすら、この人間らしさの神話は入り込んでしまっている。もともとアナーキズムの持つ本来性への志向は、資本主義の持つ非人間的な性格を暴露し、なぜそのような非人間的な環境に人が甘んじてしまうのかを明らかにするという意義を持っていた。たとえば、なぜ来る日も来る日も、十数時間にもわたってひたすら工場のラインで自動車のボルトを締める仕事をさせられるのか、なぜ一時間に一〇台だったノルマを二〇台にさせられても文句を言えないのか、といった状況に対して、イデオロギー批判による「からくり」の暴露——それが資本主義の本質的な性格なのだ——は有効に機能し得た。

だが既に述べたとおり、情報産業やサービス産業の世界では、もちろん「搾取」と呼んでもいいような低廉な労働は無数に存在するものの、「自分のやりたいことなのだ」とか「辛いけれどもやりがいのある仕事だ」という形でそれを正当化することも、かつてよりたやすくなってしまう。

これはサービス産業において、かねてから「感情労働」の問題として指摘されてきた。感情労働とはアーリー・ホックシールドによれば、自分の感情を表現したり抑圧したりしながら、相手の精神状態を適切なものにするために、自分の外見を維持しなければならないような労働のことだ[17]。たとえば飛行機の客室乗務員など、常に笑顔を心がけながら自らの感情を売り物にするようなサービス産業が、その例として挙げられる。

事態を困難にしているのは、感情を売り物にするということが、必ずしも「偽りの表情」を顧客に対して見せるという、ストレスフルな労働を意味するわけではないということだ。相手に対してコントロールされた感情で接することで、その顧客から感謝された場合、感情労働の苦境は、労働者にとって感情労働の「特典」として理解されるものになる。[18]というのもこの種のサービス産業においては、気持ちを込めて相手に接することは、まるで相手と親密な関係であるかのように振る舞うことであり、そこでは相手の親密な反応を引き出すということが推奨されているからだ。居酒屋で仕事として叫んでいた「はい、よろこんで！」の声が、「お客様」の感謝を導き出したとき、働いている側にとってそれが実際に「よろこび」として感じ取られてしまうという事態は、日常的に生じている。

こうした環境で、その人自身の「よろこび」を否定するのは非常に難しい。少なくともサービス産業に関する限り、そこで求められているのは「機械の代わり」の仕事ではない。第一章でも述べたとおり、付加価値をもたらすのは「人間にしかできないこと」なのだ。たとえスマイルがゼロ円だとしても、顧客の注文にスマイルで応えることは「人間らしくない」振る舞いだろうか。むしろ積極的にスマイルや感情を売り渡すことで、その労働が「その人にしかできない」ものに高まってしまうことさえ、十分にあり得る。「カリスマ美容師にはなれなかったけれど、近所のおばさんたちが〝やっぱりここで切ってもらうのが一番なのよね〟って言ってくれるのが最高の幸せです」と語る人に、いったい誰がどんな権利で「その幸せはインチキだ」などと言えるだろうか。

高度化したサービス産業の普及した社会で、「私たちは人間らしくない労働へと疎外されているのだ」といった形で本来性への志向を煽っても、その効果は限定的である。それどころかそうした批判は、どこかに「本当の自分らしさを発揮できる仕事があるはずだ」といった自分探しを誘発しさえする。第一章で述べたとおり、労働市場が個人に「人間としての能力」を求めるようになっているいま、「人間らしさ」を労働環境を批判するための理念として打ち立てることは、本来の目的とは逆の効果を与えかねない。

†疎外概念の救出

ではアナーキズム的理想を目指すことはもはや無効なのか。そうではない。必要なのは疎外概念を「人間らしさからの疎外」といった限定的な用法から救い出すことだ。アラン・トゥレーヌは「疎外」について以下のように述べている。

疎外された人間とは、彼のもつ「自然的」諸欲求を、流れ作業式の労働や巨大都市やマス・メディアによって、「非人間化された社会」によってふみつぶされている人間のことではない。こうした表現をすると、漠然とした道徳哲学的判断をもちこむこ

とになってしまう。（中略）
疎外された人間とは、自己の属する社会のもつ社会的・文化的な諸方向の選択にたいして、指導的階級が自らの支配の維持を妨げたりこれに対立することはないと認めるかぎりでの関係しかもたない存在のことである。それゆえ、疎外とは、従属的な参加という手段を通じて社会的紛争が矮小化されることであり、疎外された人間の行為が意味をもつのは、ただそれが彼を疎外している側の利益を補完するものと見なされる場合においてのみのことである。[19]

ここでトゥレーヌが強調しているのは、「疎外」とは本人の心の持ちようの問題ではなく、ある体制の維持に奉仕させられているということ、それ以外の生き方はあり得ない、これでいいと思わされていることそのものなのだということだ。疎外論の図式を持ち出すことは、それが「人間本来の生き方を取り戻す」ためではなく、単に「他でもあり得る」という想像力をかき立てるために有効な手段だからだ。

この節で述べてきた「新自由主義」体制において、多くの論者が格差に対する処方箋として「個人の意欲」を高めることを挙げてしまうのは、まさに現在の疎外された関係以外に「他でもあり得る」ということが構想できないから、仕方なく「それしかない」と考えてしまっているからだろう。だとするなら新自由主義イデオロギーの中でもっとも問題にされなければならないのは、この「他にはあり得ない」と私たちに思わせるなにものかであるはずだ。

ここで本書の議論は、ようやく「新自由主義」という、現在の私たちの考え方や社会構想や、個別の場面での振る舞いを規定している「なにものか」の本質へとたどり着いたと言える。それは格差を拡大するから問題なのでも、結果の不平等を容認するから問題なのでもない。もっとごくごく基本的なところで「これ以外の生き方はあり得ない」と私たちに宿命的に思いこませてしまうことが問題なのである。

その宿命の中には、本書で扱ってきたような「認めてくれる人がいれば、貧しくたって構わない」とか「既得権を打倒してルールを書き換えない限り未来はない」といった考えも含まれている。こうした考えは、結局のところ現状を追認／否認することによって、私がここで「新自由主義」と呼んでいるものへと積極的にコミットしてしまっている。個別の論者を新自由主義者として非難し、溜飲を下げるためにではなく、「これしかない」式の理解に対して〈別のもの〉を提示する足場として、新自由主義の分析やイデオロギー批判は用いられなければならないのである。

2 競合する「人間らしさ」へ向けて

†「潜在能力を発揮せよ」

イデオロギーとしての新自由主義の問題点は、「もはや他に道はない」と人々に思いこませるという点にあるのだった。このことは、現実の体制としての「新自由主義」が、多くの人を社会的に排除することや、そうした人々への共感を欠いていくことを問題視しないということを意味するのではない。むしろ、新自由主義が純化されるほど「貧困や格差の固定化だけが問題で、あとは自己責任で構わない」といった形で、生存保障のためのセーフティーネットが整備される一方、ぎりぎりの困窮状態にない者へのサポートは不要とされていく。そこでは、誰もが「自己責任」を求められ、敗北すればただちに転落する可能性があるのだが、セーフティーネットのおかげで「敗北死」すら許されず、再び自己責任による競争のリングに上がることを要求されるのである。

殴られて、ダウンしては起こされ、また闘わされる。そうした中で、人は次のような問いを突きつけられるだろう。果たして自分は、幸せと言えるのだろうかと。

もちろん幸せとは言えない、と考えてしまいがちだが、本当にそうだろうか。完成された新自由主義は、私たちに「絶対的な不幸」の境遇を許さない。文字通り「戦い続けるより他に道はない」のである。

当然のことだが、「あなた自身の幸せは、あなたが決めればいい」という物言いはしかし、「幸せ」の参照点がどこか自分の内面以外の場所にない限り機能しない。新自由主義は個人の内面の自由を尊重するため、「これが人間の幸せというものです」という基準を示すことが原理的にできない。それゆえ、負け続け、ダウンを繰り返す人も、あるいは勝ち続けることができている人でさえも、自分が「幸福／不幸である理由」を、自分の問題として引き受けさせられてしまうのである。

なぜ自分は現在のような状況であるのか、という問いに、新自由主義が答えられないという根本的な問題を、橋本努は「神義論の不可能性」と呼んでいる[20]。神義論とは、幸福／不幸を決定する上位レベルの基準のことだ。橋本によれば、新自由主義が応えられない神義論には、いくつかのパターンがあるという。

まず、「真価論」と呼ばれるもの。これは簡単に言えば、「私が成功／失敗したのは、本当に私の実力によるものだったのだろうか」ということだ。市場の競争に積極的に参加したからといって「勝ち組」になれるとは限らない。たまたま生まれた時期や場所がよかったというだけで、勝利の恩恵にあずかることができる人がいる一方、そうしたチャンスを得られないで排除されてしまう人もいる。こうした人々に対して新自由主義は、「それは仕方のないことなのだ」としか言えない。

もうひとつは「信念論」と呼ばれるものだ。市場の競争で誰もが勝ち組になることができないとしても、少なくとも市場に開かれることによって、金銭的に豊かになった国が多いのは確かだ。しかしそれは、伝統的な生活や価値観を破壊したり、不要なものを買っては捨てるだけの消費生活に惑わされたりしてしまうような生き方を、私たちに強いるかもしれない。「テレビを買うために娘を売る」ような暮らしが、果たして本当に「豊か」だと言えるだろうか。新自由主義はこうした疑問に「それはあなたが決めることだ」としか答えられない。

二つの神義論は、それぞれ「格差批判」と「共同体主義」に対応すると橋本は述べる。新自由主義は格差の存在を正当化できない。そのため格差解消に向けた取り組みが、新自由主義に抗して求められるようになる。また、自分が生きる目的や幸福の根拠となるような足場を求めて、人々は新自由主義に抵抗する共同体での生活を守ろうとするというのだ。そして人々はますます格差の解消を、これまでのような形では国家に期待できなくなり、自身の信念を支える根拠を、家族や宗教団体などに求めるようになっていると橋本は指摘する。

しかし私見によれば、実はこの二つの神義論に応える社会構想は、既に存在している。それがアンソニー・ギデンズによって提唱され、九〇年代のヨーロッパなどで採用され注目を集めた新しい社会民主主義、「第三の道」である。第三の道のエッセンスを抽出するならばそれは、①国家による福祉ではなく、共同体が福祉に責任を持つ、②単なる貧困ではなく、社会参加から排除されていることを問題にする、③個人の選択の自由を最大限認める、という形で営まれる政策パッケージと、市場での効率的な競争を両立させることを目指す社会体制だ。[21]

こうしたことからも分かるように、第三の道は明らかに、ここまで述べてきた「新自由主義の補完理念」としての性格を持っている。実際、幾人かの論者は、第三の道は社会民主主義ではなく、新自由主義に妥協した疑似社民体制に他ならないと批判している。[22]

だがここで問題にしなければならないのは、そうしたことではなく、第三の道が共同体の整備と格差の解消を推進すれば、新自由主義の持つ「宿命」的な性格は薄れるのだろうかということだ。この点について渋谷望は、第三の道が新自由主義的な主体化を促すものであると指摘している。[23] つまり、そこで共同体と呼ばれているものは、そこに参加しない人間を不心得者だと見なすような「道徳共同体」なのであり、また労働という面から言っても、福祉に依存せず、自律した労働者として再チャレンジする意思を見せなければ福祉が打ち切られるなど、新自由主義を内面化した主体でなければ、社会的包摂の対象にならない「参加への封じ込め」を要求する社会制度だというのだ。

問題は、「新自由主義的な主体であれ」という要求に応えたとしても、それがただちに市場での競争で勝利することを保証するわけではないということだ。どれだけ頑張っても報われない人がいる一方で、努力の甲斐あって、市場での高い評価を得ることができる人もいる。そこには新自由主義が要求する「努力」が持つ根本的な矛盾が現れていると言えよう。すなわちそこでは「努力しないと成功できないが、努力しても成功できるかどうかは偶然に左右される」のである。いったい誰がこのような現実を前にして、必死で努力した方がいいなどと思えるだろうか。

橋本は、新自由主義がこうした無力感に応えられず、結果として不自由な人を生んでしまうことを、幸福の神義論のうち「潜在能力論」の問題であるとしている。毎日、精一杯努力をしているのだから、「もっと評価されるはずなのに」と思う人が出てくる一方で、「もうこれ以上何を努力しろというのか」と思っていても、自己の能力を開発する努力を怠ることが許されない人も出てくる。それは適切な潜在能力を引き出す環境とは言えないだろうというのだ。

†再帰性と恒常性

だがこの問題は、もはや新自由主義というより、自由主義そのものの持つ問題性といってもいい。自由主義は、人間がよりよく潜在能力を発揮し、主体的な判断ができるようになることを推奨する。新自由主義においては、潜在能力を市場で評価される能力＝「労働」に限定して発揮させようとする点が問題なのだが、それは別に市場に組み込まれるものでなくても同じ困難を抱えている。つまり、そもそもそうした能力を発揮できないこと、発揮する意思を持てないことは、自由主義の理想に照らせば「悪」と呼ばれるよりほかないのだろうか、ということだ。

自由主義は、こうした困難を認めた上で、社会保障の必要性や、まだ十分に能力を発揮できない子どもに対するパターナリスティックな介入を正当化する。しかしその「保障」や「介入」なるものは、その対象となる人々に対して必然的に負の感情を呼び起こさせることになる。社会に食わせてもらっているのだから文句を言うな、半人前が生意気な口をきくな、といった物言いを正当化しがちな自由主義に否定的な論者は、いかにして「生きていること」がそのままで肯定されるような秩序を構想できるかについて論じてきた。アナーキズムも、その系列に数えることができる。

不断の成長を要求する市場主義に対して、人間がありのままで認められる環境を確保するべきだという議論は、その意味で一九世紀から続く社会思想論争史に位置づけることのできる重要なテーマである。既に何度か名前を挙げたアンソニー・ギデンズは、自らの「第三の道」の構想が、エミール・デュルケムに連なるフランス社会主義の試み（その中にはもちろんプルードンも含まれる）と問題意識を共有していることを明らかにしている。[24]

しかしながら、一九世紀とは確実に異なる条件も存在する。それが「再帰性(Reflexivity)」と呼ばれる、あらゆることが個人の価値判断と責任に帰されるような傾向が、近年いっそう強まってきたということだ。再帰性についてすべてを説明し尽くすことは難しいが、ここでは再帰性とは、何かを選択する際の根拠として「はじめからそうなっている」「そんなの考えるまでもなく当たり前」といった物言いが通用しなくなっていくことを指す。むろん「当たり前」と言うこともできるが、他者にとってそれは、その人が「当たり前」と思っている価値に判断を委ねただけに見えるのである。[25]

再帰性が上昇する社会では、人間の能力は限定されているのに、個人が責任を取らされる出来事の数は無限に増えていく。そのため、判断しきれなくなったところで「宿命」的な諦念が呼び出されがちだ。いろいろ考えても分からないから、結局自分はそうなる運命だったのだと諦めよう、とか、ひどい取り扱いを受けて会社を辞めざるを得なかった友人に対して「それは運がなかったね」と声をかけるような場合、そこには宿命という諦念が呼び出されているのである。

こうした宿命的な諦念は、その個人の内面ではある種の納得感をもたらすものの、客観的に見れば不当な取り扱いが正当化されたり、その人から状況を改善する意思や、オルタナティブな生き方があり得るという想像力を奪ったりする。そこでこそ、アナーキズムが想定するような「そのままで認めあえる関係」の意義が上昇する。ギデンズはそれを「存在論的安心」と表現するが、そうした足場を得てこそ、再帰的な自己への要求が高まる社会の中で、不当な扱いや排除から身を守ることができるのである。

存在論的安心とは、言い方を変えれば「信頼に対する信頼」ということになる。たとえば、私たちは友人と接するとき、「信頼できる友人」と「信頼できない友人」を区分することはできるが、信頼できない友人がいるからといって、「友情」という概念一般が信頼できないとまでは考えない。あるいは、お釣りをごまかす店員がいたからといって、お店でものを買うという行為がすべて信頼できないものだとは思わない。こうした感覚は突き詰めれば根拠はないが、社会生活の積み重ねの中で私たちは、そうした「信頼」に対する基底的な信頼を獲得することで、安定的な日常生活を送るに足る態度を身につけることができるのである。

樫村愛子は、再帰性の高まる社会において、存在論的安心の足場となりうる環境のことを「恒常性」と呼び、新自由主義が私たちの生活の基盤を掘り崩し、不安定化させていくことに抵抗するために、文化的に豊かな、伝統に基づいた恒常性の維持が不可欠であると論じる。[26]もちろん樫村は、単純に伝統的な共同体を呼び出せと言っているのではなく、新自由主義のもたらす不安定さに抵抗するための「あえて持ち出されるフィクション」として恒常性の必要を訴えているのだが、いずれにせよこうした構想は、ここまで述べてきたアナーキズムの理想と重なる部分を持っていると言えよう。

樫村が新自由主義に抵抗する存在論的安心の足場として「伝統」や「文化」を持ち出すのは、本書で何度も示してきた「アナーキーな理想が結果として新自由主義を補完し、強化する」という事態を避けるためだ。彼女がその事例として挙げているのは、六八年世代の理想が「退行的共同体」を称揚した結果、それが自己啓発セミナーと同等のものになってしまったということである。

彼女の言う自己啓発セミナーの退行的共同体とは、精神分析において自我を獲得するために必要とされている種々の想像的なものを捨象し、みんなが溶け合ってひとつになれる、といったありえない夢想によってつなぎ合わされた関係のことであり、端的にはヒッピーの一部がコミットしたニューエイジ思想などを意味している。あるいは情報社会論に流れ込んでいる「匿名のサイバースペースで、個人が自我を失って溶け合う」といった理想も、その中に含めることができるだろう。自己啓発セミナーにおいては、そうした状態が擬似的に作り上げられ、そこで獲得された承認感覚を元手に「自分はやれるはずだ」という確信を参加者が作り上げ、市場の競争社会を生きるカンフル剤にしていくのである。

宮台真司はかつて、新人類世代の大学生に対する実証調査の結果から、彼らの宗教性について分析したことがある。[27] ここで言う宗教性とは、社会システム理論の図式から析出される「偶発性に対する処理枠組み」、具体的に言うと「なぜ私だけが、この出来事に直面しなければならないのか」という疑問に対する答えを、どのように導くかということについてのパターンである。宮台はそこで三つのパターンを見いだしているのだが、ここで重要なのは、「体験による意味獲得」と呼ばれる処理枠組み、すなわち自己啓発セミナー的なものと彼が呼ぶ主体化のメカニズムだ。

今日の過剰に複雑で不透明な社会環境のもとで「主体的」であることなど、わたしたちのだれにとってももはや容易ではない。それにもかかわらず、「主体的」であることを肯定的にもちあげる言説に、わたしたちはたえずさらされており、否定的な自己意識に脅やかされがちになっている。こうしたギャップのなかで培養された「剝奪された主体」の意識こそが、宗教的なるものの温床なのだ。人為的に設《しつら》えられた舞台装置《セッティング》の下で、実際かれらは「剝奪された主体」の意識を喚起させられ、「主体性」を取りもどす。職場や家庭ですりきれた「主体性」を週に一度充塡され、また職場や家庭にもどっていく会社員や主婦たち——。そのようなかたちで、複雑な社会システムが必然的に分泌する「廃棄物」がみごとに尻ぬぐいされ、めでたくシステムは回転をつづけるのである。[28]

ここで示されているのは日々の生活で主体性を要求され、「こんなの本当のわたしじゃない」と思った人々が、セミナーでの退行体験と自己肯定感獲得によって「やっぱりこれが本当のわたしだ」といった具合に社会復帰し、再び自分をすり減らすという繰り返しによって、システムの維持に貢献してしまうという出来事だ。私の用語系では、こうした「疎外された自己」と「獲得された自己」との往復を、「カーニヴァル」と呼んでいる。[29]

†収奪なき分配の共同体

新自由主義的イデオロギーに駆動された競争社会の下では、お互いを認め合うコミュニティを作るだけでは、それこそが新自由主義を温存させてしまうという事態が生じる。宮台の指摘が重要なのは、それがバブル景気のど真ん中で行われた調査に基づく、ということだ。すなわちこのことは、現在問題になっている貧困や格差の問題が解消されたとしても、私たちが新自由主義的イデオロギーの中に生きる限り、そうした「カーニヴァル」的な事態に直面せざるを得ないということを示唆している。こうした状況で、何が元手になりうるか。

そもそもの問題は、現在の市場主義的な競争環境が、私たちに、不断の自己啓発を怠らない意欲と、その意欲の「ある／なし」を個人の内面の問題に帰着させる点にあるのだった。それは、よく言われるような「社会の問題を個人のせいにする」から悪いのではない。現実にはあり得ないかもしれないが、たとえ一〇〇パーセントその個人の責任に帰すべき出来事であろうとも、そこに「努力すればなんとかなったはずだ」とか「世の中に対する見方を変えれば楽になれる」といった物言いが投げかけられることそのものが問題なのだ。生存がそのままで承認される共同体とは、そうした物言いから身を守ることのできるシェルターであり、それが当たり前に生きられる環境のことを指す。

本書で私がアナーキズムの理想に危険性を認めながらもこだわり続けているのは、それがまさにそうした承認の共同体を、社会の目指すべきあり方として提起する思想だからだ。

そこでは、生存をそのままに肯定される人々の間での「収奪なき分配」が成り立っている。アナーキストたちは、人間の本来性の解放とは、そうした収奪なき分配の共同体を可能にすることと同じだと考えていたのである。

　だが現実には、そうした共同体は不可能である。なぜか。ひとつのヒントを稲葉振一郎が、ジョン・ロックの思想の読解を通じて示している。以下、彼の議論を私なりにパラフレーズしながら追ってみよう。稲葉によれば、ロックの想定する自然状態における庶民は、常に国家の外においてフロンティアを見いだすことが可能な、いわば自生的な秩序を生きる「幸福なホモ・サケル」であるという。[30] そこで人は、自由主義が人々に対して、自己決定できるマッチョな主体たれ、と要求するのを回避し、「ひ弱な《ウインプ》」存在として生きていくことが可能である。

　しかしながら、こうした弱虫たちの生は、国家の外に自生的に生きることのできるフロンティアが無限に用意されているという前提の下でしか成り立たない。フロンティアが消滅すると、人は現在手元にある資源（土地）を使って新しい富を生みだし、資本主義によって生きねばならなくなる。だがそれはもはや「収奪なき分配」の世界ではないために、他者から身を守る機制としての市民権の保障主体＝国家を必要としてしまう。言い換えれば、フロンティアの消滅は、「収奪なき分配の共同体」を不可能にする一方で、そこから生じる強大な権力によって「収奪を伴う分配」を可能かつ必要とするのである。

稲葉の議論を本書の文脈に合わせて言えば、こうした「収奪なき分配」から「収奪を必要とする分配」への移行は、近代国家の成立だけでなく、世俗社会からのアジール（聖域）の消滅という出来事と関連している。多くの宗教が喜捨や寄付といった振る舞いを内包しているのは、「貧しさの中での分け合いの原理」を正当化する機能を宗教が果たしていたからだ。そしてその原理は常に世俗とは別物とされていたために、国家や市場が成立してからもしばらくは、宗教的な分け合いの共同体はアジールとして温存されていた。しかし、国土と資源の高度な管理を要求する近代国家のメカニズムは、そうしたアジールを国家のうちに取り込み、資源化してしまう。すなわち「収奪を必要とする分配」の領域が全面化するのだ。

重要なのは、そこで必要とされる収奪が、持てる者から持たざる者への単純な資源移転を意味するのではないということだ。というのも、フロンティアなき国家における資源は、資本主義を通じた効率的な生産を通じてしか増やすことができないため、国外からの資源収奪か、国内の飛躍的な増産がなければ、分配そのものが不可能になるような条件の下に置かれているからだ。前者の発露はいわゆる帝国主義、そして現在ではグローバル資本主義であり、後者の顕現が国民経済ということになろう。

それゆえ「収奪を伴う分配」は、常に、誰が誰の資源を収奪するのかという問題を必然的に孕んでしまう。国家の外部からの収奪はもちろん、国家の内部からの収奪も、生産性の増大を目的とした性別役割分業の正当化を通じて、ジェンダー間で不平等に行われていた。現在の状況が原理的な困難に直面しているのは、「収奪なき分配」が不可能である以上、収奪そのものを批判しようとすれば、それが必然的に、収奪された誰かからの「奪われたものを取り返せ」という形式を取らざるを得ないからだ。そしてそれは、既に本書で何度も見たとおり、奪い返された誰かからの「奪われたものを取り返せ」という主張を呼び起こす。「収奪を伴う分配」の環境にとどまる限り、事態は奪い合いのバランスの問題としてしか進展しないのである。

†バーチャルな共同性というフロンティア

こうした困難を回避する策はあり得るか。ここで私は、いささか唐突ながらも「バーチャル・コミュニティ」の可能性について論じてみたい。それは既に否定された、ヒッピー的な理想の延長にある、個体が自我を失って溶け合うような共同体のことではない。私がここで言いたいのは、現在のメディア環境の中では、バーチャルなものが現実から単純に切り離されて閉じられた状態を維持するとは限らなくなっているということだ。

たとえば携帯電話に関して言うと、多くの調査がそれを、親密な人々との絆を繋ぐツールとして利用していることを明らかにしている。特に携帯電話からのネット接続が当たり前になるにつれ、人々は普段あまり会えない相手であっても、メールやSNSなどでのやりとりを通じて関係をつなぎ止めておき、必要に応じて直接会うという形を取るようになっている。こうした状況では、メールのやりとりを続けていた友達と三年ぶりに会うのと、ネットで知り合った趣味のサークルメンバーでオフ会を開くこととの間に、とりたてて差異を見いだすことはできない。

そして重要なことは、そうしたオン／オフの境界の曖昧な、言ってみれば現実の関係に基づいているようでもあり、それがオンラインのコミュニケーションによって基礎づけられているようでもある関係性が、往々にして「分け合いの共同体」という性格を帯びるということだ。フリーソフトウェア運動のような明確な理念を持ったものでなくとも、日常的なコミュニケーションの中で、オンラインのユーザーたちは、知識やコンテンツを分け合うことを常態化しているはずだ。

なぜそうしたことが可能なのか。それは、オンラインでの資源が、原理上無限に複製可能であるがゆえに、物質経済のような希少性の原理にとらわれることなく交換可能だからだ。かつての宗教共同体は、物質的な資源が少なすぎるために、言い換えれば「誰もが貧しい」という状況にあったために、誰か一人がそれを独占することを禁じる教義を正当化した。オンラインでは、資源が無限であるがゆえに、先に述べたような「収奪なき分配」を可能にする、尽きることないフロンティアになり得るのである。

　実はこうした論点は、かつて見田宗介が「情報社会の可能性」として提出したものである。彼は現在の消費社会が、微少な差異を生み出すために多くの物質的資源を自然から収奪するシステムとなっていることを指摘した上で、そのシステムを批判するのではなく、それを徹底することで超克するという戦略を提示する。[31]つまり、消費社会が価値の源泉として要求する「差異」が、完全に情報化されていれば、資源収奪はゼロで済むだろうということだ。

　いわば「資源は有限だが情報は無限」とする見田の議論に対して、宮台真司は興味深い疑義を二つ示している。

> 第一に、見田の議論は「これからはモノではなく心の時代だ」ともまとめられるが、私たちはモノを持ったからこそ、「心の時代だ」などといえるわけで、世界の大多数の人間にとってはこれからが「モノの時代」である。どうやって彼らに「モノの時代」を経由（ないし迂回）させられるのか全く見えない。（中略）

第二は、皆が「今ここ」を楽しむ美的な情報的消費生活を「まったり」送っているとき、いったい誰が汗水垂らしてシステムの「設計」や「メンテナンス」をするのかという問題[32]。

一点目の疑問については、グローバル経済に関する様々なレポートが、その可能性を示唆している。たとえばバングラディシュ発の画期的なビジネスモデルとされる「グラミンフォン」を挙げてみよう。世界でもっとも携帯電話の普及率が低い国のひとつであるバングラディシュで実践されている、牛を貸し出すことで貧しい女性の経済的自立をうながすというグラミン銀行のシステムを、携帯電話を利用するモデルに置き換えたグラミンフォンは、現在、世界でもっとも注目される途上国支援プログラムとなっている[33]。あるいはピエトラ・リボリは、タンザニアにおける中古Tシャツ市場「ミトゥンバ」において、アメリカ製の掘り出し物Tシャツが高値で取引されることを紹介している[34]。すなわちここでモノの豊かさは、既に情報の豊かさとして消費されることと一体になり始めている。言い換えれば、「モノの豊かさ」を経由しなければ、高度な記号的差異を消費する社会は訪れないという段階発展説は、おそらく成り立たないということなのだ。

ただ、二点目の疑問については、現在の状況から答えを導き出すのは難しい。そもそも、人々が消費社会を生きるということがシステムの維持に貢献しないという前提そのものから疑ってかかる必要はあるだろうが、確実にこれだ、と言えるほどの材料は出そろっていないと判断するべきだ。さしあたり以下では、二点目の疑問を念頭に置きつつ、「まったりとした消費社会」が、複数の軸の中で可能になるようなモデルについて考えてみたい。

†癒しのシェルターとしてのジモト

見田が述べているような、情報社会が可能にする消費環境は、この章の議論においては「収奪なき分配」を可能にするバーチャル・コミュニティであると同時に、新自由主義が要求する「マッチョな主体たれ」という要求に対する抵抗の基礎となる、存在論的な安心を得るための場所なのであった。とりわけ重要なのは、それがオンとオフの間を行き来しながら維持される関係に基礎づけられているという点だ。

そもそも近代的な共同性に関する研究は、これまで何度も私たちが本質的な繋がりだと思っているもの、たとえば「国家」や「地域」といった感覚が、バーチャルなものに過ぎないことを指摘し続けてきた。ジェラード・デランティが主張するように、そもそも私たちが共同的に繋がるべき生き物だという観念そのものが、「私たちは共同体からはじき出されている」という自己認識の高まりにつれて生じてきたものなのである。[35]

だとすれば、ここで恒常性の基礎として求めるべきなのは、樫村が言うような伝統を有しているとか文化的に豊かであるといったことではなく、私たちがそうしたものをあてにして繋がりの感覚を互いに求められる場所があるかどうかということになるだろう。そしてその具体的な可能性として「ジモト」という感覚をここでは挙げてみたい。

ここで私がジモトと呼んでいるのは、若者たちの用語系の中で曖昧に用いられている「自分の帰属先」としてのそれである。ジモトは、自分の出身地を指すこともあるし、友人とよくつるんで遊ぶ街を指すこともある。そこでジモトの根拠となるのは、地理的な境界というよりは、ある領域の中で培われた関係に基礎づけられた「物語」の位相であり、そして常に生きられることによってしか確認されないような、理念的なものである。[36] それゆえここでいうジモトは、ナショナリズムやパトリオティズムといった実在性に依拠した「地域の繋がりをもう一度」といった処方箋とは、質的に異なる（むろんそれらと両立することはあり得る）。

自分を受け入れてくれる人間関係の中で生きられることによって可能になるジモトは、自己啓発セミナー的なカーニヴァルの資源というよりは、酷薄な競争を強いる外の世界に対して挑戦するための足場であり、そこで敗れたときにも自分を迎え入れてくれる「帰るべき場所」である。サブカルチャーの分野で言えば、宮藤官九郎の一連のテレビドラマ作

図3—1　承認の共同性と市場の競争

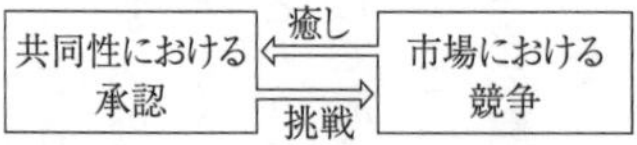

品は、そうした傾向をよく示していると言えよう。

石田衣良の小説が原作のドラマ『池袋ウエストゲートパーク』では、どちらかと言えば現実から切り離された「俺たちだけの共同性」を、外の社会との戦いの中でいかに守るかというテーマが描かれていた。だが、『木更津キャッツアイ』や『タイガー&ドラゴン』といった作品に至る過程で、その「俺たちの共同性」は、「いつか向き合わなければいけない現実や成熟」に対してケジメをつけるまでのモラトリアムを許容する場になっていく。

そこで得られる承認の感覚や肯定感は、カーニヴァル的な「これが本当の自分なんだ」といったものではない。『木更津キャッツアイ』の主人公、ぶっさんは、余命三ヶ月という時間の中で自分がなすべきことを「普通に生きる」ことに据える。「死」という現実に直面するまでの間、過剰におびえるのでも、無根拠に自己肯定するのでもなく、以前と変わらずに肯定感を与えてくれる環境を維持することが、ぶっさんの選んだ「ジモト」での生き方なのだった。[37]

こうした「癒しのシェルター」としての「ジモト」感覚は、近年、その他の様々なサブカルチャーでも共通して見られる。たとえば信じ合える仲間との絆を歌うET-KINGの「Beautiful Life」には、そうした「ジモトと仲間に承認されることで、厳しい世界と闘うことができる」というモチーフが見出せよう。「職もなくて銭もなくて　やせ我慢／これじゃ甲斐性無くて親に対しマジすまん／んで気づけば二〇代の半ば／仲間と過ごすぜ笑いながら」というリリックに現れる、仲間への無前提な信頼感は、「負け犬にはなりたくない」から「今日も行くぜ　この谷しかない世の世の中へ」という、外の世界への挑戦のための足場になっているのである（図3―1）。

†天使の王国のアナーキストたち

そうした承認される共同性は、具体的にはどのような形で可能になるのか。ここで私はそれが「市場の競争を生き抜く能力を開発し、自己啓発を怠らない人間であれ」というマチズモ（マッチョであること）に対して「弱虫《ウィンプ》」であることを承認する領域でもあり得るということを想定している。

これまでの政治哲学や社会思想の文脈では、こうした弱虫たちの共同体は、外の世界への成熟を拒否した、反公共的領域だと見なされていた。ここではそのひとつの参照点として、浅羽通明がオタクたちの生き方を論じた文章を挙げてみよう。[38] ここで浅羽はオタクの源流を、新人類世代、つまり一九六〇年前後生まれの世代に求めている。彼らの幼少時代とは、いわゆる昭和的な「原っぱの共同性」が失われ、カタログ的にモノがあふれる消費社会へと突入していく時代だった。

こうした環境で、優等生たるオタクたちは、自らの知的優位性を表出できる無数の情報を有していること——興味のないものでも「とりあえず押さえておく」こと——を、自己の根拠にせざるを得ない。「おたく」という、どこかよそよそしい呼びかけあいが彼らの命名の根拠となったと言われているが、そこには自らの構築した情報の世界を守らんとする脆弱な自我が横たわっている。

浅羽はオタクたちの世界を、アニメ『うる星やつら2　ビューティフル・ドリーマー』(一九八四年)における「ずうっと、ずうっと楽しく暮らしていきたいっちゃ」というラムの台詞を引きながら、「永遠の今」にまどろんでいたいという願望に支えられたものと見る。そこではオタクたちは、消費社会の全体を情報として傍観しながら、成熟することを拒否した「消費社会に浮遊する天使たち」なのである。ヴィム・ヴェンダース監督『ベルリン・天使の詩』における天使が、世界と関わることを許されないがゆえに傍観者たり得ているように、消費社会を浮遊する彼らもまた、外の「現実」からは切り離されている。

それを歴史的な必然としながらも、どこか若者たちに対して「大人になれ」と呼びかける浅羽の議論はしかし、それが初めて書かれた八〇年代後半における文脈とは違った意味で理解できるものになっていないか。というのも、成熟していつか出て行くべき「外の現実」は、当時浅羽が述べたように「一〇年以上にわたるモラトリアム」を許容してくれるものではなくなっているからだ。[39]

外側の現実は、否応なしに若者たちに成熟と自己啓発と能力開発を要求し、それができずに趣味の世界に耽溺するものを、容赦なく弱虫呼ばわりする。そうした新自由主義的な市場競争の世界が広がったいまでは、バーチャルなコミュニケーションを通じて築かれる趣味の共同体であろうと、変わらない日常を仲間と享受するジモトの繋がりであろうと、その中で生きていることそのものが戦いであり、「タフネス」を要求するものである。マチズモが世界を変えていく力だとすれば、ここで言うタフネスとは、外の世界の価値観に浸食されないこと、ありのままでいられる力のことを指している。もちろんその力は独力で維持されるのではなく、承認の共同体における自己肯定感によって維持されるのである。

それは一見すると、樫村が危惧するような「市場を支える退行的共同体」のように思えるかもしれない。あるいは橋本努が述べるように、そうしたアナーキズム的実存こそが、新自由主義の体制を裏から補完してしまうのかもしれない。[40] だが実際にはそれは、単に実存を補完する個人的な信念なのではなく、現実に生きられるアナーキーな共同関係である。そしてそのことによって、「ずうっと楽しく暮らしていきたい」だけの天使の王国が、むしろ市場の力を食い破るような可能性を有し始めている。そのひとつの証左として、動画共有コミュニティサービス「ニコニコ動画」における無名の人々の創作活動や、それに対する称賛の声が、既存のコンテンツビジネスの権利者を動かしつつあることを、さしあたりここでは挙げておきたい[41]。

†「人間らしさ」の多層性

さて、ここまで本書では「既得権批判」というロジックの中身を分析しながら、その是非ではなく、そのような要求をさせられてしまう価値判断のモードとしての「新自由主義」の問題へと議論を進めてきた。その結果導き出されたのは、市場の競争社会が「弱虫」と呼ぶであろう人々を「タフ」に生かす承認の共同体、アナーキズムの理想であり、それが市場の酷薄な関係を食い破る可能性だった。

ただ、こうしたあり方は理想でしかなく、現在はそうした理想を実現させる途上にあるというのが、普通の認識だろう。さらに言えば、本書では中心的な扱いをしていない貧困、格差の問題も現実に存在しており、早急な対応が望まれている。こうした問題をどのように考えるべきか。

まず考えなければならないのは、私たちの生の外部環境としてずっと批判の対象にされている「市場の競争社会」の問題だ。「もうひとつの世界」を掲げる論者ですら、こうした市場の力をいますぐ打倒することは不可能であると考えており、いかにして市場の力をコントロールするべきかという点から出発せざるを得なくなっていることが、この問題の難しさを示している。[42]

ここで疑問として浮かぶのは、なぜ市場はこれほどまでに酷薄な競争を私たちに強いているのだろうかということだ。市場において何かを取引することは、はじめから「勝ち組」と「負け組」を分かち、敗者は情け容赦なく惨めな死を迎えなければならないようなものだったのだろうか。おそらくそうではない。井上義朗《よしお》は、英語の「競争（compete）」という概念が、私たちの考えるような優勝劣敗の、他人を蹴落としてでも勝たなければならないといったゼロサム的な概念ではなく、互いに切磋琢磨し、高めあう関係を想定していることを指摘している。[43] 奪い合い、他人を蹴落とすことで、むしろ競争する環境そのものが破壊される場合もあるわけだ。

新自由主義も含む自由主義者が、個人に対して潜在能力の発揮、自己能力の開発を求めるのは、「できないことができるようになる」ということこそが、人間が人間たる悦びであると想定しているからだ。すなわちそこでは「成長する」ということが「人間らしさ」の根拠であり、理想のあり方として組み込まれているのである。

アナーキズムの理想を追求すること、人がありのままで承認されるということが、こうした「成長する人間らしさ」を排するものであってはならないと私は考える。と同時に、偶然の要素に左右されることもある個人の能力開発の結果が、そのまま市場での勝ち負けや、ましてや人間の格付けに直結し、オルタナティブな評価軸が存在しないという状況も、打ち破られなければならない。

本書で述べてきた「承認の共同性」は、それ自体として市場から疎外された「人間らしさ」を供給する根拠となりうるものだった。その承認の共同体が胚胎する「タフネス」を用いて、市場の競争関係から「成長する人間らしさ」を救済して、それを食い破っていくこと、それこそが承認の共同体の持つポテンシャルなのである。

もちろんそれは、一歩間違えれば、承認の共同体で得られた一時的な安心感を元手に市場の酷薄な関係へと参加し、その関係を維持するために多くの敗者を生み出す可能性を持っている。互いを承認し合うアナーキーな関係が、無根拠な精神的カンフル剤ではなく、しっかりとした存在論的安心の足場となるためには、その可能性を見据え、適切に育てていくリーダーやコーディネーターの存在が欠かせないものになるだろう。こうした人々の持つ意味も、近年の地域研究の中で明らかになりつつある。

また、私たちは承認や成長といった、抽象的な概念だけで生きているわけではないことも確かである。精神的な安心感に先立って必要なのは、生きていくためのリソースが確実に保証されていることだ。その保証の枠組みや手法については、近年多くの議論が提出されているが、その主体が市場やコミュニティのような私的な領域ではなく、国家や自治体といった公的セクターでなければならないことは、疑問の余地のないところであろう。それを「自分たちの生き残りをかけた同胞感情」ではなく、「保障に対する制度的信頼」としてのナショナリズムへと結実できるかどうかが、今後を考える上でもっとも重要な課題になる。本書の問題設定からは外れるこの課題についても、引き続き検討していかなければならない。

結局のところ、新自由主義というモードに巻き込まれている私たちの社会をよりよいものにしていくために必要なのは、既得権を打破して一層の流動化を進めることでも、守られるべき人とそうでない人を選別して、「私たち」以外の人を排除することでもない。またしてやどのような意味でも放り込むことのできる「人間らしさ」という理念に引きずられて、いたずらに現状を全否定することで、一挙に状況が解決されるなどと夢想することが求められているのでもない。

図3―2に示したように、「人間らしさ」という概念だけでも、いくつものあり方を想定することができる。そしてそれらの理念は、互いに矛盾し、相克する関係にありながら、その綱引き関係によってよりよいバランスを保つことができるようなものでもあるのだ。

図３—２　相互補完する「人間らしさ」

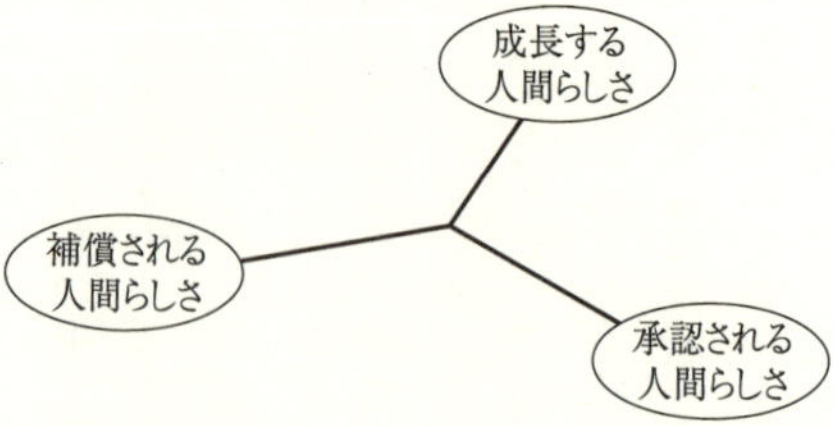

たとえば、「成長する人間らしさ」という観点からすれば、残りの二つは成長しなくてもいい「甘え」を認める一方で、成長を要求する価値観からこぼれる「弱い」人々を救済する補完的な機能を果たす。「承認される人間らしさ」の位相から見れば、成長を要求する市場は、能力のない人間を排除する不自由な領域だし、保障をあてがう国家は、個人の生活に介入するパターナルな領域だが、そこで得られる「承認」を元手に外の世界で生きていくこと、そしてそこで得られた糧を再び承認の共同体に持ち帰ることを可能にする場所でもある。「保障される人間らしさ」とは、そうした人々の活動を支えると同時に、自らの存立条件でもある市場の発展とよりよい人間の生活を可能にする領域である。つまり三者の人間らしさは、互いに矛盾し合いながら、互いを支え合う条件ともなっているのである。

さて、ここまでの議論で、本書のテーマであった「新自由主義」、つまり私たちの価値判断のモードとしての「より公平な評価」への志向の源泉と、それへの対策について、ほぼひととおり論じてきたことになるだろう。だが、もうひとつだけ論じなければならないことがある。それは、理屈の問題とは切り離された、私たちの中に抜きがたく存在している「幸福な奴ら＝既得権」への怨念であり、そこから生じる、何もかもを否定してしまいたくなる感情である。それは、「ロストジェネレーション」と呼ばれることになってしまった私たちにとって、いかに蛇足であろうとも、論じなくてはならない問題である。本書の最終節では、なぜ私たちの中に、こんなにも否定的な感情が渦巻いているのか、その感情とどう向き合っていけばいいのかについての、ひとつの試論を提示してみたいと思う。

3 「見られること」から「見ること」へ

なぜこんなにも否定的なのか、と思うことがままある。自らの状況を全肯定しながら、未来に向かって希望を持つことができている人を見るたび、そうした希望を持つことのできない自分に対する、どうしようもなくネガティブな意識が湧いてくるし、生きていることそのものが申し訳なくなってくる。きっと世界は、自分のような存在を承認しないし、必要としてもくれないだろうと。

他方で、ネットで、友人たちとの会話の中で、とにかく相手の言うことすべてを否定したくなるときがある。正しいのは自分であって、それを理解しない「奴ら」はダメな連中だ、と。しかしそんなところで鬱憤を晴らしても、別の誰かに否定されるだけで、繋がりを欠いたその声は、結局のところは、周囲を否定する自分への否定の感情として返ってきてしまう。自尊心のかけらを集めても、尊厳は得られないのだ。そうした優越と劣等感の往復は、もはや私たちの日常の一部となっているのではないか、と感じる。

その状況を打開するために必要なことは何だろうか。カネと雇用と、それによって可能になる家族だろうか。要するにそれさえあればすべての問題は解決するのだから、他の誰かが不幸になることを厭わずに、私たちはシンプルに「それをよこせ」と言い続けるべきなのだろうか。

もちろん、そんな形ばかりの幸福を手に入れても、悩みの種は尽きないのだ、ということはできる。形ばかりだろうと、「それ」を手に入れられない人間にとっては重要なのだとも言えるが、「それ」を手に入れた結果、形だけでは満たされない感情を抱えてしまって、より不幸になるという言い方もできるわけだ。

「人間らしい生き方をするべきだ」と誰もが言う。しかし私にはそれは「動物のような生き方をさせてほしい」と聞こえるときがある。多くの人間は、誰もが望んでいるありきたりな幸福さえ満たされれば、「それ以上」など望まない。確かに悩みは尽きないのかもしれない。でも、とりあえず「それ」を手に入れることで、自分はアガリだと思いたい。真に人間的な幸福のことなど考えたくもない。自らの意思でコミットする他律的な幸福の中で、日々をただ淡々と生きていられればそれでいい。かつてあったと私たちが思っている過去の幸福への憧憬は、そうした欲望の顕現なのだと思う。

新自由主義という名前で呼んできた、現在の私たちが生きる価値判断のモードは、私たちにそうした欲望を持つことを許してはくれない。「それ」は確かに大事だ。だから、多少形は違うとしても、「それ」はすべての人に保障されるべきだ。しかし人は人である限り、その先にある「ほんとうの幸せ」を、自分なりの仕方で追求しなければならない、と言われるのである。

ほんとうの幸せはどこにあるのか。それは、私が決めることでしかない。私たちの劣等感や自己否定の感情は、それを決められず、他律的な幸福に依存することから、それを「甘え」と罵られることから生じる。サルトルの言葉をもじって言えば、私たちは「自由という幸福の中に投げ込まれている」のだが、その幸福は、私が私として承認しない限り、どこまでも空虚なものでしかないのだ。

私たちがその実存の問いを「そんなの関係ねえ」と言って切り捨てられないのはなぜか。それは私たちが、「見られる側」として対象化されているからだ。不幸な世代、当たり前のものを失った世代、だけれども頑張っている世代、そうした私たちに向けられるまなざしは、結局のところ「ほんとうの幸せ」探しを、避けがたい実存の問題として、私たちに引き受けさせるものになっている。

それは、ある部分で私たちにひとつの快楽を提供する。つまり「見られる側」として絶対化されることによる快楽だ。見られる側は、見る側とは入れ替え不可能な絶対的な強度を持っているがゆえに、「見られる」ことができる。その強度は、いかに否定的であれ、自らの存在の足場を私たちにもたらしてくれる。

それにもかかわらず私たちが不幸なのは、私たちが「見られる側」として絶対化されているからだ。見る側は、見られる側が絶対的であるがゆえに、どのようにしても見られる側に同一化することができない。結果的に見る側は、私たちを彼らの「わかりやすい物語」の中に回収していく。あなたたちは、カネがないから、雇用がないから、経営者が悪徳だから、結婚できないから、子供が作れないから不幸なのだ、と。

自由の中に投げ込まれて「ほんとうの幸せ」探しを強制されることも苦しいが、他者のまなざしの中で与えられた物語によって、自身の存在を規定されることは、もっと苦しい。

多くの言葉を費やして「解説」されるほど私たちは、「私のほんとうの気持ち」はそんなものではない、わかったような口をきくな、と言いたくなる。〈見る―見られる〉関係の中にとどまる限り、見られる私たちはどうしても、見る側のわかりやすい物語と、「ほんとうの気持ち」との間に、必然的なズレを感じなければならないのだ。

ロストジェネレーションという言辞は、ある世代を、こうした〈見る―見られる〉関係の中に固着し、見る側の求める不幸を引き受けさせる。だから「見られること」は、その視線を内面化することであり、そこには自分自身をそのように「見る」ことも含まれている。再帰化された見る側の視線の中で、私たちは「それをよこせ」とか「私たちは不幸だ」とか、あるいは「(私のために)社会の問題をなんとかせよ」と言わされるのである。

どれだけ社会科学的な「解決策」について検討しようとも、そしてそれがたとえ正しい結果を導くものであるとしても、〈見る―見られる〉関係の中で私たちは不幸な存在であることを止められない。そこには常に残余としての「それではほんとうの解決にはならない」という主張が燻り続ける。そして、見られる側として絶対化されなかった人々は、私たちに言うだろう。「お前たちこそ不幸自慢を続ける既得権者だ」と。

本書で何度も繰り返してきた、こうした怨念の連鎖を、どのようにすれば食い止められるだろうか。ひとつのヒントとしてここでは「ほんとうの」という形容から、私たちが自由になること、それによって「見られる側」として絶対的な対象にされることを脱していくことの可能性を論じてみたい。

見田宗介は、竹田青嗣の文体について興味深いことを述べている。そこでは「ほんとうの」ではなく「ほんとうに」という言葉が、重要な役割を果たしているというのだ。

「世界」は存在するのではない、人びとの欲望の相関者としてはじめて色めき立つものだ、という竹田の世界感覚は、自分にとってのもののみえ方が、まわりの人びとにとってのもののみえ方と、どうしようもなくズレている、という事実を、日常の経験としてきた人間の感覚ではないかと思う。

竹田の文章が要所で放つ「ほんとうに」という副詞は、書くことの外部からくる息づかいのように、彼の論理の展開の、生きられる明証性のようなものを主張している。宮沢賢治は「ほんとうの」しあわせとか考えとか世界を求めた。竹田の断念は、〈真実〉を方法の場所に、形容詞でなく副詞の場所にまでしずめている。[43]

世界はあらかじめ自明の存在としてあるのではなく、生きられることによって可能になる。だがその生の形式の裡にとどまるものは、世界を自明なものとして生きてしまう。それに対して、「あるのが当たり前」だと周りが考えているものを手に入れられない、あるいは失ってしまった人々は、その自明性の裡にあることができない。だからこそ「自明なもの＝ほんとうの何か」ではなく、自ら生きることによって「ほんとうに」可能になる「それ」へと差し向けられることで、彼らは世界を獲得することができるのである。

哲学史的には、こうした世界獲得は、ハイデガーからレヴィナスを経由してサルトルに至る、「存在すること」と「存在」の差異という現象学的命題、そして実存主義の主張として知られている。形容詞から副詞へ、名詞から動詞への転回は、「ほんとうの幸せ」を求めることではなく、「ほんとうに幸せになる」ことの意義を、私たちに示している。

私たちが「ほんとうに」幸せになることで、世界の意味を獲得することは、「奪うことで与えられる幸せ」と「主体化することで得られる幸せ」との間の相克を乗り越え、見られる対象として名詞化されることではなく、見る主体として動詞化する可能性へと、私たちを誘う。宇多田ヒカルは唄う、「幸せになろう／当然の野望」（「幸せになろう」）。「幸せにして」とは、彼女は決して唄わない。不確かな世界を受け入れ、その中でせめてもの幸福を手に入れようと望むことは、世界を諦めることとは違う。世界を見ることで、私たちは世界を手に入れるのだ。

それは具体的には、私たちが私たち自身を、社会科学的な分析の対象にとどまらない存在として自己承認するということを意味している。多くの「ロストジェネレーション論」が私たちに向けるまなざしは、私たちがいかに「社会科学的に」不幸な存在であるかということを証明するというものである。それはもちろん、科学的に正しい態度だ。しかしその裡にとどまる限り、私たちは調査データの一部として、何パーセントかの困窮者の一人として、人称性を欠いた客体の一部として抽象化されざるを得ない。それは果たして、私たちの実存を満たすものだろうか。

なぜ、「苦しい」ということを言うために、わざわざ社会科学的な根拠を持ち出さなければならないのか。苦しみは社会的でもあるが、同時にすぐれて実存的だ。だとすれば私たちに必要なのは、社会科学的な客体として苦しみを正当化することではなく、文芸的な言葉を紡ぐ美的な主体として、実存そのものの金切り声を上げることであるはずだ。

繰り返すが、社会科学的な施策は絶対に必要だ。しかし、それだけでは私たちは「ほんとうに」幸せになることはできない。それどころか、過剰な社会科学の呼び出しによって私たちは、実存的主体ではなく政治的な主体としてしか、世界に関わることができなくなってしまう。「そんなに苦しいのなら、現政権を倒すために、私たちと一緒に闘おう」と呼びかけられるとき、私たちの苦しみは、「投票する有象無象の中の一票」へと切り縮められる。求めていたのは、闘って誰かから何かを奪うことではなく、当たり前に幸せになるということであったはずなのに。

ただ普通に幸せに「なる」ということを宣言し、実践するためにこそ、豊かな「サブカル社会ニッポン」のリソースは使われなければならない。そこでの声を大文字の政治の中で主体化することや、まして、サブカルチャーそのものを政治化することが求められているのではないのだ。それは生きるための手段ではなく、生きること、幸せになることそれ自体として、私たちの周りに存在しているのである。

いつか訪れる救済に希望を託す革命の論理が機能し得たのは、世界をラディカルに変えていくことが、私たちがほんとうに手に入れるべきものを教えてくれる最良の手段だと見なされていたからである。だがそれは現在の私たちが、未来に対する負債を背負っているという意識の下でしか可能ではない。そしてその負債を払わされているという認識が当然のように求められるようになるとき、「いつか訪れる革命」のごときメシアニズムは、未来のための自己犠牲と献身を要求するカルトへと堕す。他方で、世界のラディカルな変革が進むほど、希望は後悔へと変貌し、どちらを向いてもユートピアは（字義通り）存在しないことが明らかになってしまう。

「あいつらの取り分を奪えばうまくいく」「グローバルな市場のやり方に合わせればうまくいく」「いまある環境を全否定すればうまくいく」といった考えの持つ限界を克服するために、私たちに貧困や格差や競争や強さを要求しているなにものかを捉え、批判し、現在を食い破っていくためにこそ、それらは必要とされている。新自由主義というモードに浸されたサブカル・ニッポンは、しかしそれゆえに、私たちの実存の声を上げる場へと反転する力を有しているのである。

必要なのは「苦しい」と率直に言うことであり、そして互いにそれを聞き合うことだ。根拠などなくていい、美しく飾り立てる必要すらない。「このまま殺されるくらいなら、いっそみんなを殺してやる」と自らを追い込まないためにこそ、語り合い、聞き合うことが求められている。そしてそのための場所は、サブカルチャーを通じて、この社会には無数に用意されているのだ。

社会科学の言葉と、文芸の言葉。形式としての客体と、声を上げる主体。いずれも私たちが生きていく上で、欠かすことができないものだ。「苦しい」と語り合う声が、いつしか「楽しい」と語り合う場を生み出すなら、そこにこの社会の希望がある。その希望こそは、私たちが「ほんとうに」幸せになるための社会変革を促す力になるだろう。

註

1 後藤道夫『戦後思想ヘゲモニーの終焉と新福祉国家構想』旬報社、二〇〇六年。

2 大嶽秀夫『新左翼の遺産——ニューレフトからポストモダンへ』東京大学出版会、二〇〇七年。

3 アナーキズムの特徴についての記述は、主に以下の文献を参照した。アンリ・アルヴォン『アナーキズム』文庫クセジュ、一九七二年。ジョージ・ウッドコック『アナキズムI』紀伊國屋書店、一九六八年。アナキズムFAQ編集コレクティヴ編『アナキズム読本』『アナキズム』誌編集委員会、二〇〇六年。

4 六〇年代のアナーキズムについては以下の文献を参照。デビッド・アプター、ジェームス・ジョル編『現代のアナキズム』河出書房新社、一九七三年。ダニエル・ゲラン『現代のアナキズム——甦える絶対自由の思想』三一書房、一九六七年。

5 浅羽道明『アナーキズム——名著でたどる日本思想入門』ちくま新書、二〇〇四年。

6 アナキズムFAQ編集コレクティヴ前掲『アナキズム読本』、一六—一八頁。

7 デヴィッド・ハーヴェイ『新自由主義』作品社、二〇〇七年、白石嘉治・大野英士編『ネオリベ現代生活批判序説』新評論、二〇〇五年などを参照。

8 橋本努『帝国の条件』弘文堂、二〇〇七年、一三八—一三九頁。

9 大竹文雄『日本の不平等』日本経済新聞社、二〇〇五年。

10 たとえば途上国に対する開発の分野では、既に「ワシントン・コンセンサス」流の市場の主義の押しつけは失敗だったという評価が固まっており、代わって漸進主義的にその国のガバナンスの改善を行う「ポスト・ワシントン・コンセンサス」が主流になっている。

11 渡辺憲正「格差社会論を読み直す」後藤道夫ほか著『格差社会とたたかう――〈努力・チャンス・自立〉論批判』青木書店、二〇〇七年、二一七―二五五頁。
12 二宮厚美『格差社会の克服――さらば新自由主義』山吹書店、二〇〇七年。
13 絓秀美『1968年』ちくま新書、二〇〇六年、八〇―九一頁、茜三郎、柴田弘美『全共闘』
14 アントニオ・ネグリ『未来派左翼』NHK出版、二〇〇八年。
15 Curran, Giorel, 2006, 21st Century Dissent: Anarchism, Anti-Globalization and Environmentalism, Palgrave, New York.
16 プルードンのナショナリズムと、左派による「伝統」の呼び出しの問題については拙著を参照。鈴木謙介『〈反転〉するグローバリゼーション』NTT出版、二〇〇六年。
17 アーリー・ホックシールド『管理される心――感情が商品になるとき』世界思想社、二〇〇〇年。
18 渋谷望『魂の労働――ネオリベラリズムの権力論』青土社、二〇〇三年、二五―三二頁。
19 アラン・トゥレーヌ『脱工業化の社会』河出書房新社、一九七〇年、一七―一八頁。
20 橋本前掲書、二〇〇七年。
21 アンソニー・ギデンズ『第三の道――効率と公正の新たな同盟』日本経済新聞社、一九九九年。
22 批判の一部は以下にまとめられている。アンソニー・ギデンズ『第三の道とその批判』晃洋書房、二〇〇三年。
23 渋谷前掲書、四六―六七頁。
24 アンソニー・ギデンズ、クリストファー・ピアスン『ギデンズとの対話』而立書房、二〇〇一年。
25 再帰性と市場主義的な「自己責任」言説との関係については筒井淳也の解説を参照。筒井淳也

『制度と再帰性の社会学』ハーベスト社、二〇〇六年。
26 樫村愛子『ネオリベラリズムの精神分析』光文社新書、二〇〇七年。
27 宮台真司『制服少女たちの選択』講談社、一九九四年。
28 前掲書、二二六―二二七頁。
29 鈴木謙介『カーニヴァル化する社会』講談社現代新書、二〇〇五年。
30 稲葉振一郎『「公共性」論』NTT出版、二〇〇八年、二四九―二五〇頁。
31 見田宗介『現代社会の理論』岩波新書、一九九六年、一六四―一六五頁。
32 宮台真司『世紀末の作法』リクルート、一九九七年、二六二―二六三頁。
33 ニコラス・P・サリバン『グラミンフォンという奇跡』英治出版、二〇〇七年。
34 ピエトラ・リボリ『あなたのTシャツはどこから来たのか?――誰も書かなかったグローバリゼーションの真実』東洋経済新報社、二〇〇七年、二八二―二九〇頁。
35 ジェラード・デランティ『コミュニティ』NTT出版、二〇〇六年。
36 鈴木謙介「〈情報〉が地域をつくる――メディアが拓くコミュニティの可能性」丸田一・國領二郎・公文俊平編『地域情報化　認識と設計』NTT出版、二〇〇六年。
37 この「死に直面して普通に生きる」というモチーフそのものは、韓国映画『八月のクリスマス』を元ネタにしている。だが『八月~』が、徴兵や戦争という現実に直面している韓国社会の一種の無常観を観客にあてにするのに対し、日本を舞台にした『木更津~』では、その根拠として「ジモト」が選択されているのである。
38 浅羽通明『天使の王国』幻冬舎文庫、一九九七年。

39 『うる星やつら2 ビューティフル・ドリーマー』を監督した押井守が、最新作『スカイ・クロラ The Sky Crawlers』(二〇〇八年)において、永遠に繰り返される日々からの「脱出」ではなく、ささやかな日々の変化に目を向けて生きていく、というテーマを描いていることは非常に興味深い。そこには八〇年代から〇〇年代を貫く「終わりなき日常」という気分が強く影響している。

本書の立場は、「ささやかな日々の変化に目を向けることも重要だが、それが人の成長を否定するものになってはならない」というものだ。その社会思想的な意義は本書で述べた通りだが、これはサブカルチャー評論的には「九〇年代の繰り返しゲームとしての〇〇年代」をいかにして脱出するか、という課題として現れている。この点についてはあらためて論じることにしたい。

40 橋本前掲書、一九五一一九六頁。

41 ITmedia News、二〇〇八年四月一日記事「ニコニコ動画、JASRAC曲の演奏動画が投稿可能に」(http://www.itmedia.co.jp/news/articles/0804/01/news100.html)

42 スーザン・ジョージ『オルター・グローバリゼーション宣言』作品社、二〇〇四年。

43 井上義朗「経済学は『死』とどう向き合ってきたか」『経済セミナー』二〇〇七年二・三月合併号。

44 見田宗介『白いお城と花咲く野原——現代日本の思想の全景』朝日新聞社、一九八七年、八一頁。

あとがき

――みすぼらしくてお粗末な自由にくるまった僕らは
ふさわしい王国の中でいつもにやついてたんだ
（ザ・カスタネッツ「ハック」）

某日。秋葉原。

ここ数年、週末のアキバは、メイド喫茶の客引きやバンドのライブ宣伝、男女を問わないコスプレイヤーたちで毎週のように「祭り」の様相を呈している。この日も通りを歩いていたら、高架の歩道ではしゃぐ、涼宮ハルヒのコスプレをした少女と目が合った。彼女は笑いながらこちらに手を振っている。何者かの姿を借りることは、そのキャラクターが承認されることと、自己が承認されることとの境界を曖昧にして、人を愛想よくさせる。一瞬だけ迷った後、私は気恥ずかしさに目を伏せてその場を通り過ぎた。

某日。代々木公園。

毎年のことだが、日本の花見というのはすさまじいものがある。この年の代々木公園も、満開を迎えた桜の下、ビニールシートに陣取った数名の若者グループが、文字通り数え切れないほど公園を埋め尽くしていた。ある者は巨大なサウンドシステムを持ち込み、爆音で野外レイブに興じている。この瞬間、昼間から公共空間でおそらく数千人が酩酊しているのだ。その場に来ていたニューヨーク出身だという映画監督と、日本映画のすばらしさについてひとしきり語った後、「セントラルパークじゃ、絶対こんなことできないよね」と笑い合った。

某日。裏原宿。

とあるロリータ、パンク系ブランドのファンイベントに誘われる。世間では、この手のファッションを何でも「ゴスロリ」と括りたがる昨今だが、彼女たちの間にはもう少し微細な差異が共有されている。イベントは終始幸福な空気の中進行していた。ここでなら友達を作れる、積極的になれる、という少女たちの姿を見た気がした。うつむき加減で周囲を見ていた少女が、いつの間にか会場で知り合った別の子と語り合っていた。

その日は、一七人もの方が被害にあった、秋葉原無差別殺傷事件が起きた日でもあった。

正直なところ、「もう書けない」というところまで突き詰めて一冊の本を作るのは、それほど楽しい作業ではない。それにもかかわらず、これまで本書を含めて五冊の単著を上梓することができたのは、その時々の動機に背中を押されるということが大きかったように思う。本書について言えば、その最大の動機は、私たちが生きる「サブカル・ニッポン」の豊かさ、そしてある種の恥ずかしさ（路上で人が酔っぱらったり、コスプレした男女が街を闊歩したりする社会は、間違いなく「恥ずかしい」）を肯定しながら、新自由主義という奇妙な怪物と格闘したい、ということだった。

東京を中心に、東アジアの色んな街を歩いていると、そうしたサブカル的なものの豊かさがまさに「天使の王国」を顕現させている様に出くわすことがある。そこで人々は一様に幸せそうで、この幸福な瞬間が永遠に続けばいいのに、と思ったのは一度や二度ではない。だがそれは同時に、不安定で流動的な社会環境の変動に晒されている若者たちに担われているものでもある。そう思えば彼らの幸福な笑顔は、先の見えない時代で、精一杯「幸せであろう」とする意思の表れのようにも見えてくる。

不安定さは、ときとして私たちに「真面目に政治をやるべき時だ」という主張を突きつける。その主張が間違っているとは思わない。だが、不安定でどうなるか分からないからこそ、誰かと笑い合うこと、幸せになろうとすること、そのためのリソースとしてサブカルチャーにコミットするという態度も、また否定されるべきではない、というのが私の立場だ。それがいかに「不真面目」な態度と映じようとも、そうした社会の方が間違いなく「幸福」であるという信念は、二〇代の頃から変わらなかったように思う。

いつものことだが、一冊の本を完成させるまでには、数え切れないほどの人との関わりがあるが、ここでは幾人かの名前を挙げさせていただくにとどめる。荻上チキ、河村信、齋藤雅之、芹沢一也、橋本努、早川千秋、高原基彰、庄司昌彦、緒方義弘の各氏に感謝したい。そして我が師、宮台真司先生には、執筆中の議論を通じて重要なヒントを与えていただいた。本書はむろん私の責任において書かれたものだが、こうした人々を含む、たくさんの人との関わりの中で生まれたものである。

そして最後に、編集を担当してくださった、石島裕之さんに感謝。粘り強く執筆の相談に乗っていただいたおかげで、本書が成立したのは、疑いようのない事実だ。

二〇〇八年八月

鈴木謙介

ちくま新書
747

サブカル・ニッポンの新自由主義《しんじゆうしゅぎ》
——既得権批判《きとくけんひはん》が若者《わかもの》を追《お》い込《こ》む

二〇〇八年一〇月一〇日　第一刷発行

著　者　鈴木謙介（すずき・けんすけ）

発行者　菊池明郎

発行所　株式会社 筑摩書房
東京都台東区蔵前二-五-三　郵便番号一一一-八七五五
振替〇〇一六〇-八-四一二三

装幀者　間村俊一

印刷・製本　三松堂印刷 株式会社

乱丁・落丁本の場合は、左記宛に御送付下さい。
送料小社負担でお取り替えいたします。
ご注文・お問い合わせも左記へお願いいたします。
〒三三一-八五〇七　さいたま市北区櫛引町二-六〇四
筑摩書房サービスセンター
電話〇四八-六五一-〇〇五三

ISBN978-4-480-06454-7　C0236
JASRAC　出0811740-801

ちくま新書

649
郊外の社会学
——現代を生きる形
若林幹夫
「郊外」は現代社会の宿命である。だが、その輪郭は捉え難い。本書では、その成立ちと由来を戦後史のなかに位置づけ、「社会を生きる」ことの意味と形を問う。

659
現代の貧困
——ワーキングプア／ホームレス／生活保護
岩田正美
貧困は人々の性格も、家族も、希望も、やすやすと打ち砕く。この国で今、そうした貧困に苦しむのは「不利な人々」ばかりだ。なぜ？ 処方箋は？ をトータルに描く。

683
ウェブ炎上
——ネット群集の暴走と可能性
荻上チキ
ブログ等で、ある人物への批判が殺到し、収拾不能になることがある。こうした「炎上」が生じる仕組みを明らかにし、その可能性を探る。ネット時代の教養書である。

708
3年で辞めた若者はどこへ行ったのか
——アウトサイダーの時代
城繁幸
『若者はなぜ3年で辞めるのか？』で昭和的価値観に苦しむ若者を描いた著者が、辞めたアウトサイダー達の「平成的な生き方」を追跡する。時代はこんなに変わっている！

710
友だち地獄
——「空気を読む」世代のサバイバル
土井隆義
周囲から浮かないよう気を遣い、その場の空気を読もうとするケータイ世代。いじめ、ひきこもり、リストカットなどから、若い人たちのキツさと希望のありかを描く。

718
社会学の名著30
竹内洋
社会学は一見わかりやすそうで意外に手ごわい。でも良質の解説書に導かれれば知的興奮を覚えるようになる。30冊を通して社会学の面白さを伝える、魅惑の入門書。

582
ウェブ進化論
——本当の大変化はこれから始まる
梅田望夫
グーグルが象徴する技術革新とブログ人口の急増により、知の再編と経済の劇的な転換が始まった。知らないではすまされない、コストゼロが生む脅威の世界の全体像。